万川
reflections

一步万里阔

旅馆

现代化空间的历史、社会与权力

卡罗琳·菲尔德·利万德　　马修·普拉特·古特尔

Caroline Field Levander　　Matthew Pratt Guterl

译者——丁超

中国工人出版社

图书在版编目（CIP）数据

旅馆：现代化空间的历史、社会与权力 /（美）卡罗琳·菲尔德·利万德，（美）马修·普拉特·古特尔著；丁超译.
— 北京：中国工人出版社，2020.4
书名原文：*Hotel Life:The Story of a Place Where Anything Can Happen*
ISBN 978-7-5008-7380-8

Ⅰ. ①旅… Ⅱ. ①卡… ②马… ③丁… Ⅲ. ①旅馆—研究 Ⅳ. ①F719.2
中国版本图书馆CIP数据核字（2020）第042143号

著作权合同登记号：01-2020-2704

旅馆：现代化空间的历史、社会与权力

出 版 人	王娇萍
责任编辑	金 伟 邢 璐
责任印制	栾征宇
出版发行	中国工人出版社
地 址	北京市东城区鼓楼外大街45号 邮编：100120
网 址	http://www.wp-china.com
电 话	（010）62005043（总编室） （010）62005039（印制管理中心） （010）62004005（万川文化项目组）
发行热线	（010）62005996 82029051
经 销	各地书店
印 制	北京盛通印刷股份有限公司
开 本	880毫米×1230毫米 1/32
印 张	9.125
字 数	190千字
版 次	2020年9月第1版 2021年6月第2次印刷
定 价	58.00元

献给我们的家人

特别是托里（Torrey）

他最想要的就是有一张完全属于自己的旅馆床铺

还要献给汤姆（Tom）和珍妮·普拉特（Jeanne Pratt）

他们可能会认为这本书

什么都不是

我在待过的每一座城市都保留了一间旅馆房间……走进房间就会感觉到，似乎所有信念就此停顿。没有什么能束缚我……而且我会记得语言是多么优美、多么柔顺……我想起来了，我开始写作。

——玛雅·安吉罗（Maya Angelou），*Paris Review*

（旅馆）房间就是我需要的，也是过去两天我曾经想象过的——发生很多故事的地方，而且不会留下记录……来到旅馆是一种在匿名中装扮自己的方式，激励真正的我再次像奶泡一样升起。

——苔丝·加拉赫（Tess Gallagher），*A Concert of Tenses*

人们问我关于“旅馆”这个标题/念头是从哪来的……“旅馆”这个标题主要是灵机一动……我们待在旅馆的时间不长，它是我们住的地方，但不是我们的家。

——莫比（Moby），*Journal*

目录

时 间

等 级

感 受

谢辞

旅馆生活始于友谊的行为。

有一次马修前往休斯敦做研究，他在查查旅馆（Hotel Zaza）内著名的君主（Monarch）餐厅啜饮咖啡的时候，我们聊道："如果能顺便写一本书不是很有趣吗？"答案来得即时又明确。至于下一个问题，在一开始则是有点难以回答的，那就是："我们要拿什么来当书的主题呢？"当我们将目光放在奢华的餐厅，注视着浮夸艳丽的接待区，看着以和谐节奏忙碌着的职员、整体空间规划，并开始谈论建筑本身及其复杂的社交生活，我们开始找到想要的答案。在经过大约四年的时间和上千封电子邮件的往返之后，这本书就是成果——证明友谊可以成为灵感的源泉。

其他人则以友谊给了我们持续创作的鼓励，尤其是当同事们纳闷我们在做什么的时候——一名文学评论家和一名历史学家正在写一本在内容方面与正经八百的研究计划相比不痛不痒的书。合著的风险看起来也很大，不只是写作标准，尤其是当我们相距上千英里时，田野调查也只得分头进行。我们从未待在同一间旅馆，但我们会分享关于市中心精品店里某间酒吧的笔记，或是一张在宏伟的会议中心后方厨房里所拍摄的照片。朋友们都开玩笑说我们总是带着各自的家庭，对旅馆这个不论何时都令人兴味盎然的“资料库”来一场“考察”之旅。当然，我们的家人和爱人都乐在其中，甚至有点被蛊惑了，总是准备好要在接待我们的每一间旅馆担任我们的“情报先锋”。

有些人读过部分或全部手稿，并帮我们想点子。这些读者对我们确保行文口吻前后一致的努力感到好奇，说他们欣赏那种明明知道不是一个人创作，却难以判断是哪位作者从哪里开始写作、而另一位在哪里结束的桥段。这种鼓励可靠实在，代表着我们的计划行得通。斯科特·赫林（Scott Herring）、丹尼斯·克鲁兹（Denise Cruz）和凯蒂·洛夫顿（Katie Lofton）阅读各章节、通篇讨论，驱策我们精炼原本的概念。在从一个州前往另一个州的路上，哈里尔·穆罕默德（Khalil Muhammad）不断地发送相关链接；在布卢明顿（Bloomington），卡罗尔·格莱兹（Carol Glaze）和宝拉·科纳（Paula Cotner）预订房间，为了获得赞助而大力游说，而且总能顺利如愿。因为从一开始，我们的野心就是要引起普遍且有见识的读者群——也就是那些在穿越都市空间的过程中时常停留于旅馆的人，以及那些在旅馆里工作的人——的兴趣。我们这一路上得到许多帮助，南希·卡尔森（Nancy Carlson）是让我们进入阿纳托尔旅馆（Hotel Anatole）工作区的关键人物；由于米歇尔·沃尔巴赫（Michele Vobach）的穿针引线，我们得以访问到卡罗琳·罗丝·亨特（Caroline Rose Hunt）；还有一群有趣的与谈人和死党，包括迈克尔·毛赞（Michael Maltzan）、凯文·柯比（Kevin Kirby）、妮可·瓦里戈拉—戴维斯(Nicole Waligora-Davis)、杰佛瑞·史纳普(Jeffrey Schnapp)、蒂姆·迪恩(Tim Dean)、凯莉·雷诺兹(Kelly Reynolds)、朱莉·费特(Julie Fette)、戴夫·杰卡(Dave Jacqua)、约翰·朱尔(John Drewer)以及利·弗里利希(Leigh Frillici),他们具备不可思议的创造力,在这个计划概念形成和执行的各个阶段都提供了宝贵意见;盖亚崔·帕特奈克(Gayatri Patnaik)一再给予我们良好且充实的忠告,我们在此对所有人表达由衷的感谢。

我们也亏欠了UNC出版社许多。马克·辛普森—沃斯(Mark Simpson-Vos)从刚开始耳闻就深爱这个计划,但也让我们依自己选择的方向来进行;出版社匿名的评论家也相当热心地提出建设性批评,即便只是只言片语,也足以让我们在这一局坚持下去。

在每一间旅馆里,宾客和职员都对我们古怪的调查工作相当宽容:像是要求参观衣物干洗间、哄骗旅馆经理,以及请求瞄一眼点心厨房、在吧台点饮料、在游乐场做笔记、浏览房间清洁记录表。由于服务人员、经理和设计专家的坦率直言,这一路上的每一站都让我们获益良多——甚至对于这套定义他们生命、开启某扇门并关上另一扇门的体制也时常慷慨激昂。我们沉浸于主题调查的乐趣中,甚至到了流连忘返的程度,几近吹毛求疵;而我们希望阅读的结果对读者而言,就如同作者的感受一样,是有趣且具有启发价值的。

在这幅取自1901年杂志《淘气》(*Puck*)的漫画里,“避世”(Walledoff)旅馆——开华尔道夫酒店的玩笑——被重新解释为一部社会机器,把一群偏远乡下的土包子变成了上流社会的一员。

《淘气》向读者们保证,谁信了这个玩笑,谁就是犯了根本性的错误,就如同旅居的、离开水的鱼一样的乡下人不断地误解每一次的相遇。尽管如此,这部机器做了该做的工作,使这些人在停留结束时,样子比以前更加光鲜漂亮。旅馆使任何人和每件事都可以重来一遍,使这场微小的社会革命成为可能,也使得其他100个类似的转变成为可能。

(图片来源:美国国会图书馆。)

导 论

人们之所以住进旅馆，其原因五花八门。随便打听，你或许会听到，“在旅行途中，我得有地方睡觉”的务实回答，他们所关心的，是旅馆的功能和实用价值；但也有人会为了其他理由住旅馆，这些人深信，除了睡个好觉以外，旅馆还能提供更多好处——似乎能满足种种暧昧不明且通常难以启齿的需要、念想、期盼与欲望。无论这种额外的好处是否具体，他们仍旧乐此不疲；不管能否美梦成真，他们就是如此期待着。

如同本书题辞所述，对诗人玛雅·安吉罗来说，她在旅馆可挣脱日常生活的束缚，联想出令人振奋的创意文句；就苔丝·加拉赫而言，旅馆的私密本质就是一种诱因，每个房间的短期住客彼此陌生疏离，正好激发他们重新寻得遗忘许久的独创才能与初衷；而对于音乐人莫比，旅馆则是比拟人际关系和生命无常的最佳写照，恰似充满创意的音乐所表现的浑然天成。当然，这都只是近代旅人看待旅馆时，所抱持的一系列看似无穷无尽的期望中的几个抽样而已。

本书谈到旅人除了能从旅馆获得睡眠休憩与栖身住宿之外，还能享有什么；并探讨了为何人们需要旅馆的频率越来越高、也越来越紧迫——尤其在20世纪特别明显。

《旅馆》一书的核心，是从每笔不同房价及客户套餐价格的住房交易切入，随着塑料房卡不断易手，发掘每个新主人所怀抱的期盼、梦想及欲望。诺曼·海纳（Norman Hayner）在将近80年前就曾观察到，一方面，旅馆生活是短暂的生命片段——这种生活具有移动与脱离现状的本质，另一方面则表现出自由和摆脱约束的特征。旅馆热情拥抱那些寻求临时栖所的旅人，提供给他们许多经过精心打造与包装、具有不同面相的“整体现代生活”，而且早在20世纪下半叶，就已通过丰富的想象、普及化与包罗万象的手段，开始这么做了。[1]丽贝卡·欧妮恩（Rebecca Onion）和莫莉·伯格（Molly Berger）均指出，19世纪的旅馆向客人展演了可在“严苛的现代生活”中作为临时“某种极度现代的事物”，也预示了众多已然用于定义都市现代性的当代私有化公共空间（像主题公园、邮轮、购物中心及度假村）。[2]事实上，21世纪初始，现代生活往往就和旅馆生活紧密地融合在一起，以至于再难找出两者的区别，甚至解开纠结。因此，我们在接下来的内容中，免不了会叙述有关现代化本质的形成、完善与运作的故事。

本书将清楚阐释旅馆如何以及为何能够深深地触动人心，启发人们身为现代人类的自觉。书中旁征博引一系列最新史料、素材和文化形式，勾勒出现代旅馆一段不寻常的历史——在这段历史中，旅馆的发展，就好比用途明显不同的监狱或精神病院、住家或学校，同样成为日益普遍且人尽皆知的机构，在现代体制中扮演重要角色。我们在此提供一种另类历史，以及形形色色的文化宗谱史观，那是由概念堆砌而成、以不同观点来诠释史料所建构的历史——史料范围包括广泛的视觉与文字形态的源头素材——各种素材乃通过非传统手法汇整，所以我们无须局限于传统僵化的砖瓦框架或实体位置，而能从想象的地点与栖所着手，描述旅馆在岁月间用以推动创造、建构与布局其现代本质的方法。话说回来，正由于诸如莫比、加拉赫和安吉罗等音乐家、诗人及小说家，各自从旅馆寻得创意上的启发，因而留下有力与多元的证据印痕，带领我们找到非比寻常的源头素材。正因旅馆所具有的式样、代表的意涵以及两者影响所及，总是不断转型、变换和移动。如此看来，旅馆就是某种富于想象的挑战。

19世纪以前，“hotel”这个法文字并不常见。1827年波士顿的特里蒙特旅馆（Tremont Hotel）开幕，拥有170间豪华客房，成为当时世界上最大的旅馆。这个坐落于都会区的新地标，很快就展现出与其他现代建筑物——诸如监狱、医院，乃至住家等——的差异。假若真如海纳的惊人之语所述，“让最佳的美国监狱提供短期居留、有益身心的食物、娱乐消遣，并在每间牢房备有收音机”，乍一看，这可能类似于在主要城市地区涌现的为流动人口提供住宿的二流旅馆。而两者间的主要差异之处，是旅馆客人享有随时退房的自由，或者在其意愿与需求的支配下，继续过渡与迁徙。欧妮恩鞭辟入里地观察到，这种“超频繁旅行的机会”就跟旅馆的现代化设施一样，强烈吸引着旅馆住客。波士顿特里蒙特旅馆备受欢迎之处，便在于其突显出这种崭新机构的主要特色——旅馆标榜为旅客的迁徙枢纽，对于不论是搭乘巴士、驾车或步行抵达的新客人，都会安排他们和那些刚退房、心满意足的旅客热切互动。[3]

此一独到之处也让旅馆跟监狱之间泾渭分明——如同海纳评述，家庭生活通常伴随着“壁炉与一旁无拘无束的妻子和孩子，而非移动、刺眼的灯光和孤单的个体”。辛克莱·刘易斯（Sinclair Lewis）指出，旅馆提供某些恰恰为了“摆脱在家的感觉”而入住的客人一种想象中的离家出走——因为他们“真的烦透了妻子、尖叫的孩子、难搞的火炉，还有种种开销的账单以及需要修剪的草坪”。[4]20世纪，对越来越多的人来说，旅馆成了远离家庭的藏身之处，无论男女都选择长期住在旅馆，把旅馆视为远离折磨心志、旷日废时的琐事及义务，一种迷人的替代选项，从而他们能按照自己的选择过日子。即使对那些只是短期入住的人来说，旅馆引领他们触及现代生活的各种创新——从浴缸、现代化暖气设备到舒适的床——全都成了旅客渴望自宅中也能具备的设施。结果是，自宅的设施、体验与外观变得越来越像旅馆，反倒是旅馆给家庭成员提供了一个机会，使其暂时逃离宛如监狱的家庭。

考量到旅馆生活和其他现代机构所促发的生活动态与相互呼应的张力，本书不会只把旅馆当作一种实体和文化场所来分析，却避而不谈监狱或住家。说得更明白些，接下来将分析旅馆究竟是如何协助构成具备现代化且高度移动的自我的，这种自我乃形塑自迁移、逃避，以及替代栖所的暂时喘息，而非出自监狱、精神病院，或甚至住家的停滞状态。如同海纳评述，由于旅馆呈现出“整体现代生活”的凝聚形态，作为一种现代机构所拥有权力的核心成分，旅馆在于其“创造”或“生产”有别于帝国及其影响。然而即使旅馆再如何强大，这种权力也绝非无往不利。

我们在撰写以下章节的过程中一再被问道，旅馆最后究竟会是自由之地抑或是压迫之地——归根究底，无论旅馆有多少万千样貌，都属于资本主义顺畅运作的机器之一环，但或许也是反抗全球化无所不在的压迫场所。然而，若想了解旅馆在当代美国文化中的复杂性与多元机能，我们便必须抗拒这种理所当然的对立。就像接下来几页清楚说明的，旅馆及其促成的各种生活导致令人不安、无心插柳的同流合污，以及地方上的反抗行为，两者皆为现代生活中不可避免的一部分。旅馆的存在便象征着一体两面，始终是权力与反抗、威权与自觉、主宰与颠覆的现场。

本书呼吁大家多加留意，现代旅馆在资本主义所开启的近代生活中扮演的重要角色；但紧接着的篇章同时强调——从表演研究课程中学到的关键教训——无论从历史角度或哲学角度来看，革命的风险并不总是取决于其策划者、缔造者及主宰者，而反抗也不是非要采取大规模颠覆资本的形式才能成气候。

我们把旅馆定位成全球资本主义的动态化身，是为了阐述在生命政治（biopolitical）下自我管理的不安年代中，一个足以重塑我们的现代空间已经产生；但我们并未将旅馆简单归纳为一个全然确定（all-determination）的结构。我们的许多努力，是仔细考察对旅馆安排心满意足、感到挫折，及蒙受启发的住客经验，设法重新对应到现代空间的生命政治。此外，我们也找寻旅馆难以管控或约束个人“自为”（self-making，源自黑格尔的论述）的微妙征兆。或许旅馆有助于疏解人们对于晚近资本主义的不满，不可讳言的是，旅馆仍是完全不思悔改的自由资本主义制度所不可或缺的一部分。

旅馆并非被动的场所，而其自身的力量反而能带来一种亦虚亦实的居住经验。所以本书的中心目标就是鼓励读者思辨旅馆在现代生活中的功用，进行广泛而非狭隘的思辨，并包容那些和旅馆对立的社会、情绪与心理投入。在接下来的篇幅中，我们请求每位读者重温身处熟悉空间的经验，重新思考创造这些空间背后的系统与建构，同时细细回味在这些空间里所上演的自我再造（self-creation）行为——即便往往并非尽如人意。

对现今全球化世界深感兴趣的任何人来说，本书应当无比显眼：当世界上种种运动及交流日益普及，而自我的概念改头换面、以国际主义者的姿态现身，相对地，助长及压抑此自我之完全实现循环的机构骨干也跟着改变了。虽然旅馆是种用砖块、混凝土、钢材建造的固定的结构体——套句专业术语，是将基座深深打入某一特定地点的岩床——然而它跨越整个社会经济频谱所维持并赋予的生活，竟又要用无常与混乱来下定义。

对法国哲学家米歇尔·福柯（Michel Foucault）而言，如此紧绷的机构，造就了监狱国家、医疗专制和理性主体。但我们所提出的旅馆，则是运用空间来扩大并精致化摆明了向往移动及云游四方的自我的机构——这个自我将旅馆想象成时时刻刻上演着生存与死亡、幸运与失落、开始与结束的绝妙情节——简单地说，就是比“真实生活”更开阔、更显著、更狂野、更清澈，且更具治愈效果的生活。在这充斥着庞大企业集团、大型量贩店、复杂运输系统与全球通信网络的时代，旅馆已被精心打造成奔向自由的象征，成了一个“出门在外”时不虚此行的地点、一个代替居家的小宇宙，以及一个成人游乐空间。不过，在我们这项精心打造的成就背后，是有后果的。

◎历史

我们所关注的旅馆生活是一项当代产物，尽管部分内容来自历史，并形塑了本书的评论，但历史基本上并不在我们直接讨论的范围内。不过假设现在旅馆是具有延展性的物体——比方看似拥有无限可塑性与渴望取悦本质的现代性象征符号——那便是在时过境迁中发展出来的机能。德国哲学家伊曼努尔·康德（Immanuel Kant）在启蒙时代中的著作里坚决主张：“参观的权利……属于（本就属于）全体人类”，因此“好客”是能让“世界上距离遥远的各地”加入“彼此间平和关系”[5]的必要条件。康德的移动式现代社会想法正好和现代旅馆的发展别无二致——在这种社会里，和平是可以实现的，方法是借由引导旅行者、陌生人和世界上的漫游者形成紧密结合的静态社群，以及通过各个好客中心将这类居无定所的人暂时集中到这些社群里。

如同我们所认知的，正当现代化生活开始被定义为移动与无常，其所引发的直接效应，便是旅馆如雨后春笋般在世界各地的都会中心冒出来；就像桑多瓦—史特劳茨（A. K. Sandoval-Strausz）观察到的，格外强而有力地符合美国人信仰的自由民主及被统治者之同意权。新联邦政府的一位官员，为了新美国首都的准备工作，曾下令执行在波托马克河（Potomac River）河岸兴建全国第一家旅馆的计划；此外，为了满足旅行者横越日益广大的国土时迫切的住宿需求，旅馆建筑也结合了有效的美式治理。乔治·华盛顿参加完在纽约市举行的就职典礼后，随即前往各大城市旅行，结果整个社会对于地方小酒馆和旅店穷于应付新国家领导人的住宿需求而感到羞愧，就连华盛顿本人也发现在各地停留时常得住在临时改为旅馆的他人家中。

当一个新政府和发达且人口众多的其他国家比起来，更重视一位广受爱戴的首任总统及随行人员之临时合宜住宿需求时，旅馆在满足这一需求过程中的概念性转变是相当亮眼惊人的。确实，美国民主与好客的这种不寻常结合，便大大归因于一项被桑多瓦—史特劳茨描述为“寻求栖所的旅人已视为国际标准的建筑和社会形态”的发明。[6]到了19世纪20年代，当人们视旅馆为社会活力和经济强度的指标时，有一位社会评论家观察到：“一间好的旅馆就意味着城镇的繁荣，而居民热心公益的城镇一定有间好旅馆。”[7]1826年巴尔的摩（Baltimore）的城市旅馆（City Hotel）、1827年华盛顿特区的国家旅馆（National Hotel）、1827年波士顿特里蒙特旅馆，以及1828年费城合众国旅馆（United States Hotel），上述旅馆在各城市最富裕家族的财务支持下建造，奢华非凡，从而透露出美国城市的经济发展潜力。当开拓者向西移动时，在较小城市与乡镇迅速搭建这类他们充分认同的旅馆，也成为美国经济和商业发展的主要特色。

在这些普遍被归类为“公共宫殿”的奢华场所里，成群结队到旅馆享用酒吧、餐厅、大厅和会客空间的民众，吸引了外国游客的目光，尤其旅馆中如假包换的社会民主最是引人注意——其组成涵盖了社会各个阶级，从顶尖巨富及家世良好人士到投机者与冒险家，一应俱全。旅馆创造的这种另类公共空间中，阶级混淆、社交关系泛滥，一时间人声鼎沸，受到地方刊物的广泛报道——这些刊物的读者范围也正好涵盖现代社会所有成员，不分地位、性别、年龄或职业。如同1836年《纽约镜报》(*New York Mirror*)的作家所观察的，旅馆公共空间可谓各行各业民众进行各种社会互动的磁铁——“帅哥、美女、商人、学者、诗人、编辑、华尔街经纪人、与情人见面的女士们，还有零售小贩”，人人期待完成一桩买卖。[8]

旅馆不仅区隔公共空间，成为看似毫无关系的同好碰面的特定所在，也形成一个多重位置的网络，连接散布在各大城市及地点的人群。美国出版的第一本有关旅馆管理的著作《旅馆业主、领班与管家指南》(*Hotel Keepers, Head Waiters, and Housekeepers' Guide*, 1848年)，书中肯定了这一明确事实，并就如何确保每间旅馆都能成功融入更大规模的旅馆公共整体且成为其中一员，提出具体建议。这本书的作者唐宁斯·G.坎贝尔(Tunnis G. Campbell)强调旅馆经营者与业主需要走遍全国，参访其他城市的旅馆，会晤其他旅馆业者，并熟悉主要旅行路线——总而言之，就是要了解自己的旅馆在更大的公共移动网络中所处的位置——以便顺利接待因工作、休闲或两者兼具而行旅于城市间、并在途中住进旅馆的客人。

话说回来，即便当旅馆络绎不绝地出现在全国各地，为美国民众提供机动的会面场所，旅馆也进一步精致化并分隔其提供的公共空间，为精英分子、从属同一宗教或种族的团体开辟私人专属区域。旅馆在此富丽堂皇的尊容下，容易成为殖民主义特权的前锋，而非康德在迈入现代之初所预想的充满好客而缔造和平的避风港——旅馆对于特权的筛选锱铢必较，将跨越国族藩篱的社会正义抛诸脑后；天文数字的房价时常强化了在全球飞来飞去的新国际精英阶级在旅馆的社会与经济地位，他们从一个地方旅行到另一个地方，连续消磨几个星期、甚至几个月，从意大利沿海到法属里维埃拉（French Riviera），再到世界上最迷人的城市中心，把一间又一间的奢华旅馆称为“家”——他们无论在哪里旅行，都享有特权，奢华旅馆为世界上最有钱有势的人创造了一个精英独享的前瞻网络。

也因此，20世纪中期的民权运动分子会把目标对准旅馆，一点也不令人意外。他们认定旅馆是充满种族排斥的场所，他们携带“旅馆房间专为疲惫（白人）旅客”的标语牌，抗议旅馆根深蒂固的种族歧视政策。[9]这些抗议人士从旅馆以人种为由拒绝提供服务，一路引申至旅馆未遵循基督主导叙述（Christian master narrative）中庇护弥赛亚而犯下的根本错误。当时的他们，正为一场长达一个世纪的奋斗而抗争，其主题就是旅馆乃种族争议的主要场所——这是从1875年参议员查尔斯·萨姆纳(Charles Sumner)提出民权法案之后所展开的一场奋斗。

萨姆纳的法案于1870年在参议院首次提出，起初规范所有公民在大部分公共场所均应受到平等待遇，很快地，旅馆便在萨姆纳为该法案辩护、而其他人抵制时首当其冲。萨姆纳找出客栈经营者奉行的普通法中所规范的，即客栈老板不得拒绝对有能力付钱的人提供服务之条文；他以此为基础，明确指出旅馆和客栈同为一般通则必须适用的法律原型：“由于客栈不能将任何有付款能力且状态良好的旅客拒之门外……因此剧院和其他公共娱乐场所必须等同看待。”[10]萨姆纳法案的反对者在辩词中同样援引旅馆，宣称旅馆并非公共场所的原型，而是兼具公众及私人事务——即旅馆不仅是遵循法律规范运作的公共设施，也是由其拥有者控制的私人空间。如此一来，旅馆的性质变得难以厘清，事态演变中掺杂了公共及私人场所、服务与机会，也因而发挥了抵抗社会变革的作用。如同肯塔基州众议员杜尔汉(Durham)所说，对政府而言，规定谁能且应该进旅馆，比规定“谁可进入某人的私宅”更没意义。[11]

1875年，当民权法案在参议院以35票对18票、在众议院以118票对94票而通过成为法律后，旅馆立即变成战场，上演着种族变革运动在公共与私人生活中发生的各种大小事。里士满市(Richmond)的黑人公民进入交易所旅馆(Exchange Hotel)要求服务，接着有位黑人部长在费城的宾汉屋(Bingham House)要求开间房遭到拒绝后，他便坐在旅馆大厅，收集当晚在他之后所有白人客人都获准进入旅馆的证据，并在次日清晨把所有证据交给当地的美国律师。毕竟变革已成法律，弗吉尼亚州的一些旅馆在法案通过隔天直接关门大吉，有些则重新规划，先是歇业、然后以私人民宿的形式重新开张。不论这些旅馆是否继续营业，或重新定位，或者成为地方反对者及抵抗势力的角力场，它们都成了政治抗争与动乱发生时的引爆点。

不过就在施行种族隔离的旅馆关闭大厅时，仍有其他旅馆应运而生，以满足黑人旅客和外国旅人的需求。这或可说是公共机构的需求已经大到无法摒弃。这些开放空间中名气最大的，是特蕾莎旅馆（Hotel Theresa），位于哈林区（Harlem）第七大道和第125街交叉路口繁忙的公共临时舞台街角，距离阿波罗剧院（Apollo Theater）往下仅一个街区之遥。特蕾莎旅馆兴建于1913年，随着邻近地区转变为以非裔美国人口为主，不久便废除了种族隔离政策，人称“哈林区的华尔道夫（Waldorf）”[12]。有钱的客人若想亲身体验城区多彩多姿的夜生活，就会住到特蕾莎旅馆，但如果不愿意从后门进出，则只好投宿到其他实施《吉姆·克劳法》（Jim Crow laws）*的旅馆房间。此番尴尬局面一直要等到全世界的种族隔离高墙轰然倒塌，而位于往南大约60个街区的正牌华尔道夫酒店可供任何人投宿时，才终于告一段落。到了20世纪70年代，充满传奇的特

* 译注：《吉姆·克劳法》（Jim Crow laws），1876年至1965年间美国曾实行种族隔离制度的法律，在隔离但平等的原则下，种族隔离被解释为不违反宪法保障的同等保护权，因此得以在此期间内存在。

1965年争取种族平等议会（CORE）的詹姆斯·法默尔（James Farmer）在特蕾莎旅馆前就民权议题发表演说。

（图片来源：美国国会图书馆。）

蕾莎旅馆变成一栋办公大楼，如今城市里已有数以千计的欢迎黑人旅客的旅馆接续其使命，或许它们的重要性都比不上特蕾莎旅馆，但也总算结局圆满。[13]今天，这栋建筑依然屹立，且成为纽约市的公共地标，目前提供给附近的哥伦比亚大学教师学院作为专案及办公用途。

特蕾莎旅馆的故事提醒我们，在过去两个世纪里，旅馆这种伟大、久远、不可思议又丰富多彩的机构，已成为（比方说）废除种族隔离的社会及政治变迁的领头羊，也曾是一系列并无关联性、但充满激情的政治角力与谈判的背景舞台。旅馆作为一种准公共空间，是其他更私密、也因而较难接近之地的替代选择。有人因此联想到马尔科姆·艾克斯（Malcolm X）跟菲德尔·卡斯特罗（Fidel Castro）在特蕾莎旅馆享受的“哈林式款待”；或是约瑟芬·贝克（Josephine Baker）在洛杉矶的巴尔的摩旅馆吃早餐时，被一名来自南方的白人金主搭讪，结果这名白人先是遭到逮捕，最后却几乎是追赶着警察到法院提出控诉；又或是切尔西旅馆（Chelsea）一度是酝酿反文化运动的温床，后来成为工会抗议不公平工作条件的活动地点；此外还有阿尔贡金旅馆（Algonquin），营造出纽约市鲜明十足的趣味元素，并把旅馆定位为启发创意的热点；接着出现了“旅馆产业工会”（UNITE HERE），将“全球凯悦集团”在世界各地连锁酒店的所有服务生动员起来——而凯悦集团连锁的执行长如今因为支持美国加州禁止同性恋婚姻，引发抗议声浪；民权运动示威的纠察线上举起了标语牌，要求平等使用“公共”膳宿设施；20世纪60年代柏克莱发生骚乱时，反战分子、女权主义及黑人权利拥护者在喜来登皇宫饭店（Sheraton Palace）前举行联合抗议；1863年纽约征兵所引发暴动的第一天，公牛头旅馆（Bull's Head）便被纵火焚毁；1945年夏天，联合国最初版本的《人权宣言》在旧金山的费尔蒙旅馆（Fairmont）起草。

在以上提及的和其他无数的案例中，作为一个人潮中心的旅馆，其高度渲染效果与便利性，及其难以避免的宿命，已注定成为抗争、自觉运动与历史事件的现场。

在长达200年历史中浮现的体制——从合众国的建立到旅馆业废除种族隔离，乃至消费者资本主义的全球化——是我们在接下来章节里关注的对象。我们作为主题的现代旅馆具有国际性，看来也不再进行种族隔离，如今更标榜自己的存在价值远大于国家利益——尽管完全不是这么回事。

举例来说，如今我们不太会用谈论制造业前景的方式来讨论服务业，尤其是旅馆业。不同于汽车制造厂，我们似乎无法用旅馆来预测国家命运。如今旅馆接客标准不分人种，一视同仁；即使财富及使用权仍高度取决于种族，且在“客人”的层次以外，旅馆高墙内仍然存在着种族阶级意识，不过人们口头上已不再提到“仅限白人”或“仅限黑人”。就算这些历史被刻意淡化，依然具有重大意义，这就好像现代旅馆在新客人入住之前，会将任何先前客人住过的痕迹收拾干净一样——旅馆要我们忘掉它所牵扯的过往。

因此，撰文分析旅馆生活，意味着我们看待旅馆的眼光将不会受限于其周遭种种、历史背景及建筑工艺。这表示我们也会把旅馆视为能够创造社会变革和政治挑战梦想与愿望的完美体现；不仅如此，这般分析也同时突显出旅馆在其促成与维系的想象中扮演的角色——特别是最具代表性的“美国梦”，一种顽固的自由资本主义者格局。随着上层阶级永久且实际凌驾于世界上其余人口，精英旅馆趁势推出一种关怀机制，以便从客群中区别出这些“重要”人士——真正有钱有势的人。在薪资下降但信用泛滥的时代，二流旅馆提供暂时提升的移动性，让你通过此管道来买个稍微干净的环境、比较健康的关系，或是更活跃的性生活。对于穷人，则仅提供基本生活之所需，只够他们容身，程度上远不及公共广场的中产阶级。新式旅馆——现代旅馆——体现其为一种后国家、后种族主义，且极其关注顶级奢华的机构，以非常特别的方式突显经济阶层和社会分层，有时反映了“美国梦”，有时却又与美国文化背道而驰，和我们普遍拒绝接受政治经济和财富与特权制度上永久化的认知相抵触。但它一路走来的每一步，都未曾明白显露出如同人类自我中的渴望与念想。

一旦我们从特定旅馆的历史，以及从旅馆在现代场景崭露头角的发展中退一步思考，除了充斥着创业家必有的野心、崭新商业模式以及消费者需求，我们还会看见以旅馆为背景，不断变换的机构性功能，其强而有力的多产性，始终如一地大量供应走进大厅的追寻者所仰赖的想象力。当我们说：“你瞧，旅馆只有部分属于历史产物，且不在我们关心的范围内”，那我们的言下之意是：一间又一间旅馆的故事，或是有关旅馆与社会不公的故事，都只不过是用来说明这抽象事物本身的例证。旅馆的重要性和它促成及破坏的种种生活，是我们接下来关注的重点。

◎空间

任何看过《风月俏佳人》(*Pretty Woman*)或《曼哈顿灰姑娘》(*Maid in Manhattan*)这类电影的人，都会毫无意外地认为，客人及工作人员都可能借由旅馆及旅馆内各种灵活空间，实现改变一生命运的转变——比方说，性工作者和佣人忽然成了享用午餐的端庄淑女这种转变。

在旅馆创造的特殊空间里，同时存在着性工作与房务工作，或此两者的管理者，这与他们是否正规、合法无关，没人会因此大吃一惊，稀松平常得就像好莱坞的“浪漫喜剧”一样。爱德华·刘易斯(Edward Lewis)因缘际会地遇上一名命运坎坷的应召女郎薇薇安·沃德(Vivian Ward)，双方发展出长达一周的恋情，电影情节把女主角带到比佛利威尔榭丽晶饭店(Regent Beverly Wilshire)，让她在大堂经理协助下彻底改头换面；在另一个较肤浅的版本里，一名性感女仆被入住的富婆大改造，还反转过来抢走了追求富婆的有钱公子哥。流行文化充斥着各种鲜活的“证明”，诉说着旅馆是个让男孩可以放得开的地方；在旅馆里，性、阶级、劳动的规则都可打破，并暂时重塑。旅馆内也填满了个人转换的新形象，因此每一个“有着善良本性的妓女”或是薪资微薄的女仆，都能从内心的迷宫看到出路，并在挣脱桎梏的过程中找到通往幸福生活的捷径。

我们相信，这些不约而同对更好际遇的追寻，值得我们认真、用心并带着创意来仔细研究。

接下来我们要特别关注旅馆所创造的并开放使用的各种特别空间的主题。若要认真看待亨利·列菲弗尔（Henri Lefebvre）的观察："资本主义已在过去一个世纪，主要以通过生产现代空间的手段而存活下来并茁壮成长——通过一种对城市与乡间、公共与私人、人类交流与交易激进的重新概念化，因此必须视旅馆为育成资本基础社会机器所不可或缺的孵化器。"然而，在那些工作视野横跨建筑、社会和政治理论、社会学、哲学、文学理论和都市性的研究者中，针对过去数十年间激增的都市空间而做的丰富分析里，却依旧对旅馆视若无睹，导致旅馆在我们为了理解现今人类状况所发展出更大的现代意义元素网络中，显得晦暗不明。[14]

之所以如此，或许部分原因是因为旅馆在所有现代空间里的可塑性最强；如此强大的可塑性立刻让旅馆变成全世界过往旅客的目的地，也成为现代生活中容易忽略且缺乏研究的环节。旅馆的多用途会议厅，仅需一眨眼工夫，便可从会议分组讨论空间迅速变成婚礼接待场所，这种建筑设计令人充满想象，让熙来攘往的客群、劳动者、管理者、勤务人员，以及感兴趣的过客印象深刻，因而转向旅馆寻求慰藉、机会、庇护、乐趣、消遣，以及众多其他事物。旅馆可以是一座皇宫、一个家、前哨据点、庇护所、残酷的工厂、罪恶的深渊、名副其实的奴隶囚笼，有时更兼具上述所有身份。旅馆可以代表天堂或地狱，居家或外出，限制的机构或解放的场所，一个开始或一个结束。

“在一间旅馆房间里出生，然后，在一间旅馆房间里死去。”尤金·奥尼尔（Eugene O'Neill）这段有名的临终格言充分道尽旅馆所具有的从分娩房走向安息地的特质与能力。除了旅馆，现今世界上没有其他机构能为生活中如此众多的不同问题提供解决方法；也没有其他机构能如此完美地呈现出21世纪现代性的政治经济；而其现代性特征，涵盖了贫富间无法衔接的鸿沟、后现代资本主义那片刻欲望满足的精神气质（ethos），以及世界上极富者与极贫者四处奔波、追求利润与生存之际，单纯的栖身需求。旅馆因此成为一种“任何事情都能发生”的想象之地，人们在此述说的故事都带有迫切与意义的印痕。话说回来，这个事实也让旅馆生活的故事格外值得一提。

倘若是相对短暂且或许出于自愿住进旅馆，其所造成的影响稍纵即逝，那么旅馆不过就像监狱和诊所，只是为了表现一场变化或一种渴望。然而旅馆是尊荣与权力永远存在的地方，是仪式关系和极难预料之事相遇之处，是制定种族、阶级、性别法规的集会地，以及一个受到规范的人类交通与资本移动的转运站。客人来来去去，在停留的过程中，某件事情因而发生，所发生的这件事情，正是当代旅馆机构性用途的核心。在往来于一个固定场所的过程里，存在着对于某种转变的希望。在本书中，我们计划首度披露这一希望的深层意义于世人眼前，如此一来，也能引导读者掌握并感受旅馆生活的脉动。

如同本书所阐述的，无论环境如何变迁，旅馆仍旧是个空前强大的现代化机构，这正是因为它以物质形式提供各种潜在的可能。首先最重要的，旅馆是进步、个人转变和改善的机构，犹如以砖块、玻璃、钢铁和混凝土交织而成的交响曲，此般建筑为人们重新安排公共与私人空间，营造出邂逅与交流、独隐与曝光时新颖且独具风格的相会仪式。旅馆被视为旅人行经异乡城镇时的休息站，扮演了家的角色，阻绝外界干扰，为疲惫不堪、寻找温暖床铺的旅人提供庇护。旅馆是一个潜在的疗愈空间，提供贴心的服务，从柜台后方训练有素的亲切微笑、熟练机灵的服务生、白天默默忙碌的清洁人员到迎宾的薄荷糖、厚实的床单、柔软的床铺、折叠整齐的卫生纸、一沓沓精致饱满的毛巾，每一个细节都完美无瑕。旅馆也是时而家居、时而商业的场域；在那里，每一块私人空间都存在“附加”价值，每一次的大厅漫步都有机会购买一杯咖啡或旅游纪念品。

在这个充满各种可能、变化万千的架构里，旅馆客人同样能得到各种机会与可能，身体与心灵在此得到修补、复原，精力充沛地重新运作，甚至超越平常状态；私人性欲可以在此隐秘享受或尽情解放；种族意念可暂时在此强化或抹除；一个普通人可短暂地称王称后；靠救济金来维生的人可享有片刻的“家”；整天赶路的疲惫旅人可在此躲避雨雪，得到一夜好眠。以上都是旅馆所提供的各种引人入胜的好处，让客人们或含蓄或明确地寻求着。

纵使旅馆带来一些改变—— 假如真发生的话，也都是暂时的，但人们心灵上对此仍念念不忘、难以割舍。无论在旅馆发生了什么事，或出现任何变化，通常都会在此机构的文化条理支配下，于客人离去时告终。按摩治疗效果会消退，一夜好眠的舒爽在回家后便消逝无踪，收看色情节目的商务旅客在周末依旧道貌岸然。旅馆房内打造的另一个私人世界，在我们离开后，甚至连床单都还来不及送洗就完全瓦解，好像每个房间都曾是巡回马戏团一场非凡演出的舞台。

这种架构缺乏独一无二的重心，尽管在内部伪装成可替代条件的华丽构想，但终究掩盖了特权更加根深蒂固的事实，也粉饰了看来完全相反的外貌。在奖励回馈专案和团购折扣盛行的时代，再也没有遥不可及的旅馆。对富人来说，旅馆生活就是贵族气派的概念，众多仆役和侍从在走道上前呼后拥，执意要让旅馆员工隐身其后，进一步确认其富裕程度；对中产阶级而言，旅馆首要的以及最重要的，是保障人身安全与干净、可靠的补给站，这是一项对睡眠与安全的投资，充满了假想过着富人生活的遐思：譬如回到“家”就有的新鲜饼干，以及早上起床有顿热腾腾的早餐；对拮据的工薪阶级来说，旅馆的首要用途就是成为他们工作的场所；对于在清洁人员中占绝大多数的妇女而言，旅馆是个掠食者出没的危险地带，她们因过度私密的接触而体悟到“以‘客人’为名，但经常虚假、变态的社交世界”；而对于真正的穷人、移民和那些急于翻身的人来说，旅馆可能会是一个不折不扣的奴隶圈，一个不择手段冒称提供家居生活、实则完全相反的组织。当作为阶级幻想和逾越体制的场所时，旅馆是社会权威——无论定义宽松或严格——变得真正清晰可辨的地方，有些人在此重新引人注目，其他人要不就迷失，要不就变得完全隐形。[15]

因此，旅馆作为现代社会机构，表现出广泛的社会需求和欲望，让曾经混乱的地方得到平静；反之亦然，旅馆同时也是发挥交流与联结功能的特许场所，是文化与人民的转换点；换言之，是现代自我的一个格外丰饶的生成现场。本书昭然揭示旅馆乃尊荣与权力之地，仪式关系和极难预料之事相遇所在，是制定种族、阶级和性别法规的集会地，以及受到规范的人类交通与资本移动的转运站。

也就是说，本书不是一本将旅馆描述为致力于成功创新或发生重大变革的典型资本主义企业的历史，不会只关注新的旅馆商业模式崛起、连锁旅馆在全球及全国各地的扩张，或旅馆作为庞大企业组合特点之一的发展。我们承认，在有关连锁旅馆的扩张和客人奖励专案、销售技巧，以及用来区隔高档旅馆与其弱势小老弟的资本主义诱导机制上，还有太多地方尚待着墨。虽然这类题材会被蜻蜓点水般带过，但并非本书的主要目标。我们再次强调，《旅馆》不是一本旅馆产业史，也不走雅各布·汤姆斯基（Jacob Tomsky）的套路——他在最近那本相当有趣的《酒店那些事》（*Heads in Beds*）中揭发了旅馆不为人知的腐败秘密。[16]相反地，我们更着重描述旅馆在现代文化中的社会和政治功能，强调旅馆——钢铁与混凝土建造的结构体、充满各式体验的多元诠释，以及多层次的文化隐喻——以许多互相交错及相互矛盾的方式来捕捉并定义现代性、全球化、阶级、性、种族与性别的经验。

为了描绘此一细节，我们深入探查赋予现代“旅馆生活”样貌与意义的四个核心概念——空间、时间、等级以及感受。通过定义每种概念时用于说明的要点，依照个别主题来进行。

第一部分专注于旅馆生活创造的各种特殊空间。

其叙事方式起始于深植在旅馆想象及结构组成的本质上那道令人困惑、不断拉开公共及私人空间的鸿沟，讨论性、父权制以及随旅馆衍生的私人空间的动态关系。

第二部分探讨旅馆的时间范畴。

旅馆如何以“作为一个新的开始与最后结束之地”而运作，通过将旅馆视为一种“准诊所”、一个提供疗愈和休养生息的地方、一种日常操劳中的暂时解脱。在光谱的另一端，探讨旅馆作为老年安养院、太平间，或者深受世事困扰的人们在绝望之余、情非得已时最后的安息长眠之处。

第三部分旨在探讨旅馆生活的数量化特征。

我们将分析旅馆沿着社会经济线划分空间的特殊方式，描绘旅馆在全球资本主义兴起当下的阶级动态。我们在这部分，一方面分析度假旅馆，另一方面探讨廉价单人房旅馆（single-room occupancy hotel, SRO），以突显旅馆所赋予的双重面向。其中一面是任何挥霍得起财富的人几乎都能享有的梦幻奢华生活，另一面则是以特殊的力量和意义来加强体现隔离贫富的藩篱。

第四部分探究旅馆对住客明确造成的特殊感受及影响。

旅馆如何同时作为幸运和失落的推手，即一个看似激进的社会经济选择下的所在，摇身一变也可以引导客人进入离散的空间——一个看来无法脱逃、宛如地狱般的生态系统。

这四个核心要素共同形成的力量，要大过个别累积的总和。这四种要素以文火慢慢熬煮出现代性的精华，使得旅馆生活聚合于空间、时间、等级与感受之上，成为现代自为的基石。

在这几个完全不同的单元里，我们自始至终悉心处理现代旅馆这个剧本中的每段小插曲，这是为了暗中强化旅馆客人、工作者和访客走进大厅正门时，对自身处于由欲望与传统所构成、复杂且多面向网络中的觉察。为此，本书把焦点放在特定类型的旅馆——如水疗旅馆、度假旅馆、廉价单人房旅馆，以及放在适用于这些场所的特定陈述。焦点所及，包括提供极其富裕且行程紧凑者住房需求的旅馆，以及为全球贫苦困顿人口提供“服务”的旅馆；后者之所以颠沛流离，都是资本主义即兴之作的后遗症。其实我们大可挑一套完全不同的衡量尺标，如钟点旅馆或医院附设旅馆，可是一旦我们从旅馆随着人生中的选择与道路所构成的连续体而前行的角度视之，一旦我们着眼于欲望与渴求时，在这连续体上的特定凸点本身并不如它们具备的透镜功能那般关键，因为经由这些透镜，我们可以立即看出旅馆在当代社会运作中所扮演的角色有多重要。旅馆在我们描绘的闪亮画像里，犹如景致变化多端的念想与需求。

由于无法分割成匀整的经验片段，我们在书中会一再触及部分相同的话题。举例来说，廉价单人房旅馆乍看和四星、五星级豪华旅馆有着天壤之别，但它们却令人难以置信地同生共存，有家与无家可归之间的巨大张力，形成旅馆旋转门所释放、充满阶级幻想的主要驱动力。因此，廉价单人房旅馆的客人面貌会不时出现于许多章节，以郑重提醒旅馆生活必须揭露于更大的脉络与背景之下。旅馆的治愈功能并非那些主打提供休闲或水疗服务的旅馆的独家权利，而大部分章节中所提到的各种有关使人恢复活力、焕然一新、返老还童的幻想，或多或少也非其专属产物。性及其指涉“坏男孩”所干的蠢事，并未局限于第二章，相反地，会在旅馆的各种描述与经验中一再浮现，并与一切旅馆媒合的种种欲望遥相呼应。

本书指涉的范围大致锁定在位于北美，或是总部设在北美的旅馆。我们当然也清楚旅馆是一种全球性的结构，有一章会特别聚焦在墨西哥蔚蓝海岸（Mexican Riviera）及加勒比海沿岸星罗棋布且贴切地被命名为“全包式”度假饭店的跨国梦幻中。在那些例子里，旅馆在住房专案中包装了作为主要卖点、充满现实与幻想——参与全球资本及北半球主宰南方邻居欲望——的跨境旅游。但是种种因素使得这些地理上的优越性无法发挥，其中包括提供各种价位与奢华排场的连锁旅馆的全球扩展，乃至国际旅客难以避开的那些我们认为一切都最“美式”的旅馆。不论是在机场、赌场、市中心、商业区，或是像迪士尼世界和太浩湖（Lake Tahoe）等娱乐区，无关其国籍或支付能力，旅馆总能吸引打工族群与游客。旅馆仿佛一座为人类生产悠闲条件的工厂，当它需要以低薪工人为主的劳动力，这些劳动力便从世界各地前来，寻求改善生活条件的机会。就像星巴克及麦当劳，万豪（Marriott）和希尔顿（Hilton）这类大型连锁旅馆销售一种暂时性的“宾至如归”（home away from home），主打一种无论身在何处都有同质性与熟悉感的体验。这种重要想象以及商业模式观点使旅馆无论位于世界何处，都具备跳脱区域局限的能力，做到让客人在其任何一家连锁旅馆中的体验无分轩轾。

我们在书中探讨的旅馆，超出了所有整理完善的史料柜中现存档案的范畴——无论是存放在图书馆内有关旅馆历史或建筑的藏书、希尔顿连锁旅馆集团办公室里的记录，或是大众文学和电影中的情节。所以《旅馆》一书跨越了分散的记录，将各自独立的发现揉合成一个整体，以捕捉存在于更广泛的文本和叙述记录中的旅馆。换句话说，正如同旅馆的空间是为了方便移动、短暂使用，并且不断地被重新利用，本书所用的素材也具备同等效力，从而勾勒出融合不同学科观点、媒介与叙事形式的综合体。除了致力于建立品牌忠诚度与品牌形象之外，旅馆一直是不断变动的抽象概念；对于现代自我之自为与再造提供更完整、更丰富的形象之档案材料也是如此。

正是这种档案素材与抽象结构的混合，使得旅馆对访客的重要性更加深远。因此我们在每一章都广泛引用档案记录，并融合旅馆的流行表述，就像在视觉文化、媒体和印刷品文化、广告和第一手回忆录、新闻和小说中所描绘的那样。[17]每一章节的目标都是要创造某种“移民档案”——通过题材各异的系列素材召唤出观点，洞察旅馆用来产生新空间以适应由各种社会经济、性和阶级实验为特征与组成的演化中、自我的初始力量。

“旅馆生活”与有关性征及性别、种族及帝国、世界主义及乡土观念的对话与经验相扣相连，因而本书对主要素材的分析乃塑形自“萌生文学”（emergent literatures）所关怀的空间、权力与景物、“平民百姓”（the commons）、种族隔离，及广受美国学跨国研究（transnational American studies）重视的回路与交流点。作为现代生活在电影、新闻、叙事和视觉记录中叙述并描绘的熟悉背景，如果旅馆仅是反复阅读的文本，那它就太容易让人错过，会被视为用完即抛、空洞而无意义，或是不被注意、而其成就的自我和主体之复杂剧本很容易被视为客人造成的结果，而非来自机构。

当我们忘却令此般现实得以想象、而后变得可能的机构时，我们正屈服于让旅馆远离镁光灯下的障眼法——我们正向那充满诱惑且经常令人担心的故事投降，我们会在接下来的章节中看到，在故事中永无止尽自为的存在，是旅馆作为一种现代机构的主要魅力。

空间

第一章

公共

《大饭店》(*Grand Hotel*)是1932年上映的一部电影，描写了世上最华丽、最国际化、令人感到宾至如归的一家旅馆的日常喧哗。电影开场时，镜头从上往下取景电话接线房，只见许多人你来我往地交谈，嘈杂纷乱的话语根本无从分辨，然而人们无分远近、个个声音洪亮，呈现出蓬勃畅旺的人际互动。接着，镜头移向一排排电话亭，剧中几名主角正在那里与远方亲友通话，有的在打探心上人的消息、有的则在由衷告白自己的心愿。其中一位老先生向对方倾诉："最优秀的人全都在这儿。"他已决定要在时尚奢华之中了此残生。他说的似乎没错，大饭店的住客当中，有贵族，也有商人、歌舞女郎和秘书。随着约翰·施特劳斯(Johann Strauss)那《蓝色多瑙河》的曼妙乐曲声响起，我们看到旅馆大厅熙来攘往中的浪漫，进入旅馆大门后，镜头猛然拉升至高处俯视，往来的人们好像旋转木马般，在宛如棋盘的马赛克地板上翩然起舞。最后，再转到大堂中央谦卑的客服人员视角，待命于此的服务生互相开着玩笑，轮流接待络绎往来的住客、访客。在这个单一场景中，旅馆仿佛许多隐秘、重叠的世界接二连三地汇聚于一个巨大的公共空间之中，即使与豪华邮轮的甲板或火车站的候车月台相比，毫不逊色。

这是一个充满邂逅与不期而遇的公共空间吗？还是代表一连串分离、中断的家庭生活？在《大饭店》里——或按照本书习惯，统称“旅馆”——其实两者兼具，而这种看似相互抵触的空间与领域的大杂烩，正是旅馆的魅力在现代文化中历久不衰的关键特征。“揭露”与“隐蔽”——公领域和私领域之间——的交锋永远在此僵持不下，这便是现代生活都市场景的日常生态。的确，社会如何将空间区分为公领域和私领域，以及根据列菲弗尔的看法，这种区分方式如何支配个人从一处移动到另一处，已成为建筑理论、政治哲学及都市研究密切关注的主题。就算公私区分已成为构成都市实体空间和公民社会生活的关键组织原则，无可厚非地，也不过就是随着城市社会兴起，公领域和私领域之间的关系在历史进程中起了变化。家庭中私人空间的发展，已能拥抱新的生活方式，并在亲密行为的安排上，更加融入一种城市公共空间即社交与应酬场所的思维。

然而，一旦将空间与社会分割成公共领域和私人领域，并因而制约个人在世上的行为及取向的话，就如同克里斯托弗·亚历山大（Christopher Alexander）在其指标性著作《典范语言：城镇、建筑物、建设》（*A Pattern Language: Towns, Buildings, Construction*）中所观察的，公私之间的转换绝非毫无瑕疵、轻而易举，或是呈线性进行[1]。都市空间的特点，便是公领域和私领域间有欠工整的渐进式变化，由人行道、拱廊和其他各种建筑特征，在公共空间中营造出“私密层次”

(intimacy gradient)。亚历山大认为，人们需要这些层次设定，以便在缺乏和谐的都市空间中标示出不同程度的私密层次——将我们所构筑的环境中最私密的空间（如浴室和卧室）与市场或市政大楼等较为公共的空间区隔开来。自然而然地，私密层次深植于旅馆的建筑思路之中，且被赋予特别的力量与意义；以旅馆所扮演的角色而言，它一方面是提供庇护及私人睡眠空间的场所，另一方面它也提供同伴——无论共同缔造出哪些故事、冒险及邂逅，都在提醒一个身处异地过夜的旅人，他或她仍是人类社群的一员，因此需要同伴。

在这更迭当中，旅馆是一种介于家中私人处所与市场上公共场合的混合空间，能不断地将这两种领域混合后的更迭引向并提供给住客。因此，旅馆的功能更像是一个极为短暂的临时社区，利用不断变动的公共和私人空间，在夜幕时收容自愿落脚于一个具亲和力的实体地点的一群人。尽管在城市研究以及不论公、私领域中，都明显欠缺对旅馆的认真分析，但旅馆突显出一项事实，即现代城市中公共和私人空间存在于不断变动的连续体上，就算只是种精简的连续体，这两种领域也为现代城市空间带来具渗透性的一切可能。旅馆内诸如餐厅、酒吧、接待区等公共空间，提供给住客各式各样的服务，而最隐秘的空间，譬如卧房和浴室，也同样如此。实际上，如同伊丽莎白·格罗兹（Elizabeth Grosz）的评述，正是因为持续关注以砖块及灰泥等有形物质创造的建筑空间——而非概念上丰富但不具实物形体的语言或哲学空间——我们才能充分将自己缔造为现代公民。[2]这项让我们得以化零为整、成为“完整个人”的承诺，对走进旅馆大厅的人来说，魅力无穷。

◎殷勤

旅馆具备大型且多用途的交谊厅、大堂和会议室等公共空间，是一个变化多端的现代性空间；然而，这类空间在建筑学理论家雷姆·库哈斯（Rem Koolhaas）于2002年发表的论文《陈旧》（*Obsolescence*）里，被称为“垃圾空间”，文中认定旅馆是现代性必然的副产物，其间充斥着对人类主体政治稳定性益发剧烈的挑战。由于不断地解构与再造，被视为垃圾空间的旅馆，对那些走过其准公共或私人、多用途，及重复运用导向之区域的人群，造成一种主观性认知混淆，与《大饭店》片头捕捉的场景极为相似——让我们不确定身在何处、模糊方向感，并消融意识的所在。简单地说，被视为垃圾空间的旅馆，向那些进入其领域的人提出一切问题中最根本性的政治问题：我们自以为是谁，以及我们想要成为谁。诸多议论因而出现，其中弗雷德里克·杰姆逊（Fredric Jameson）在他1991年备受争议的《后现代主义，或是晚期资本主义的文化逻辑》（*Postmodernism, or the Cultural Logic of Late Capitalism*）一书中，将命题转向旅馆——更具体地说，是以洛杉矶的威斯汀博纳旺蒂尔饭店（Westin Bonaventure）作为他称为“超空间”（hyperspace）许诺下的“整体空间”和“完整世界”的主要范例。他所谓的“超空间”，意指那些在稳定领域的间隙中涌现的城市空间，适足以促成新的集体实践，以及移动与聚集的新模式。[3]

接下来的内容将聚焦于这些更为公开的公共空间和旅馆的功能，以及它们足能供应住客自我想象及再想象的机会，而下一章则会把注意力直接转向旅馆较为私密的领域，以及那些领域内所应允的极私人活动。阅读开头几章的同时，读者会顺路走过旅馆的私密层次，为构成旅馆的可渗透空间勾勒出轮廓与肌理——展现围墙内公共及私人世界鲜活的变化与互动。本章将经由旅馆大厅，前往较不显眼的服务与商业运作的公共领域，以探究这些世界如何通过生机盎然的方法伺候各式各样——有些只住一晚、有些则一住就几十年——的住客。在旅馆变化多端的建筑空间内，公领域和私领域一直进行着对话，旅馆公共空间的使命是在物化而短暂的世界里成就卓越，而其私人空间则正成为现代自我最私密特质的伸展台。通过与所有这些多变的空间互动，住客们试探出另类且有别于以往的自我更迭——这些更迭可提供生存于世、强大且崭新的方式，但也同时深刻提醒着现代性对个人的恒常威胁。

因此，当《大饭店》里的欧腾许拉格博士（Dr. Otternschlag）坐在吧台边自问自答：“你在大饭店里干什么？”——在这间“走廊上有着100扇门”而且“没人知道隔壁住了些什么人”的旅馆里——你在这儿“吃饭、睡觉、四处闲晃、到处调情，不时跳支舞”，此番告白发人深省。公领域和私领域在此般境界中混为一体，提供大量让人自为与散心的迷魅幻想。亨利·詹姆斯（Henry James）与康奈尔·韦斯特（Cornel West）先后将这种幻想世界称为“旅馆文明”，此一世界里的舒适、便利和圆满消弥了严酷的生活现实，无论那是苦痛、悲惨还是种族歧视。[4]于是，电影中最经典的台词——葛丽泰·嘉宝（Greta Garbo）说："请让我一个人待着。"——一语道出旅馆为保证离群索居的住客在高墙内获得神圣隐私与庇护，无时无刻不施展着无边法力。

电影业理所当然地迅速采纳此一概念，"大饭店主题"成为用来指称某种电影类型的惯用语，涵盖任何一部叙述人们汲汲营营于广大繁忙之地，大家互不相识、但彼此生活交叠的电影，这显示出电影（更重要的是基于旅馆的）在当代文化中如何理解与陈述另类公共、私人世界时的根本重要性。

根据电影产业的看法，"大饭店"类型的电影——不论场景如何——召聚公共和私人世界间的丰富层次以彰显旅馆独特的能力，并将这些私密层次构筑在旅馆住客的入住经验中。《大饭店》在2007年被遴选保存于美国国会图书馆（Library of Congress）的国家影片登记表（National Film Registry）中，借以肯定其文化、历史和美学上的重要意义，显示这部电影对于"旅馆乃公共与私人生活受到仔细庇护且相互融合之处所"的看法如此强大而持久，经过80年依然历久弥新。[5]旅馆提供的公共和私人环境有助于住客与管理者策划（curate）访客印象，可分头导览，也可共同进行，在此精心策划之下，不会相互干扰。

《大饭店》电影中所假想的以及后来不断被现代大众复制的旅馆生活，旨在打造一种梦想的实现；而在其实现梦想的过程中，旅馆建筑物及其中一切小小私密，为满足客人随时召唤的需求，能很快做出改变。这种可为任何事物提供租赁替代空间的机构所拥有的无限产能，反映出某些旅馆千篇一律的建筑空间发展前景业已式微，如万豪酒店集团旗下开在国内机场旁的万怡酒店（Courtyard），或是广场饭店（the Plaza）精雕细琢的欧式门面周边。如今真正的公共空间似乎受到严格限缩或管控，而替代空间必须另外寻求，甚至还得事先预订——这部分肇因于传统公共空间具备发展革命的实质潜力，如2011年的“阿拉伯之春”（Arab Spring）便是有力证明。国内的私人空间好像也开始遭人非议，不过，只要是旅馆，就能提供数以百计的完全密闭的私人保留区，而其殷勤贴心的员工也能保证（或如此声称）守口如瓶并顾及住客隐私。于是，这些特意建构于旅馆内、可循其私密层次谨慎策展于各领域间的替代性私人与公共场所，已成为我们因不满意于居家生活及传统都市公共空间持续缩小的替代品。

旅馆提供给客人和工作者一个替代性私人或公共场域（或视状况两者兼具）的功能，因而成为新自由主义时代的完美表征；表面上看来，它借由这些与国家或家庭截然不同的代理机构，将责任无害地转移到了企业手中。

我们所描述的旅馆在岁月中持续演变成目前的建筑和功能，慢慢地发展成今日这般引人入胜的公、私领域混合体的强大提供者。我们可以借由思考意大利建筑师、测量员詹巴蒂斯塔·诺利（Giambattista Nolli）闻名于世的18世纪中叶罗马地图*，来着手了解旅馆渐进演变成为现代社会形态的过程。12

* 见本篇章页地图。

块精心雕琢的铜板上呈现出这座占地约八平方英里、极其现代化的城市微观细节，而直到今日，诺利所绘制的这幅地图仍然是了解罗马城的最佳资源之一，为建筑师、测量员和人口统计学家广泛运用。诺利运用科学测量，详细地绘制基础图，并通过罗盘取得精确的建筑比例，进而创作出一幅麻雀虽小、五脏俱全的罗马城地图，令人叹为观止。然而诺利地图的真正创新在于，这位建筑师创造了一种将公共空间标示为白色、建筑物标示为黑色，以评估城市密度的方法，诺利地图这种展现城市中公共空间的做法，在都市设计上始终广受认同。

诺利地图的理念，随着时间而进一步发扬光大，往后地图上越来越常见到在私人建筑物的黑暗轮廓包围着代表旅馆的白色区域，尤其随着城市密度日益升高，旅馆大厅更是公众邂逅与交流的不折不扣的亮点。诺利的这幅《大罗马地图》（*La Pianta Grande di Roma*）堪称有史以来最具启发性和艺术设计感的都市规划之一，特别是他在公共住房和旅馆这类场所的脉络下，对于灵活且不断演化的公共与私人混合空间之更迭的关注，就我们的观点而言，是最伟大的成就。假如说，诺利地图见证了18世纪旅馆不断演化的能力以满足蜂拥而至、寻求替代场所的人群，以及旅馆在公共和私人空间上的创新；那么，当代旅馆可用万豪控股经营下的“宾至如归”，公共广场、市集、十字路口及老城区作为象征。

当我们想到《大饭店》电影如万花筒般拉开序幕时，我们把饭店中长久以来作为社交应酬地点的庄严大厅，视为公共功能和私人空间结合后缓慢演变中的精粹。我们也意识到，比方说，除了旅馆大厅是从诺利地图所见证的古罗马公共场所逐渐演变而来的之外，其下一波演绎也顺理成章地出现在19世纪美国的公领域中——旅馆及其壮观的大厅在此显得无比耀眼。在19世纪70年代，嗜品高级雪茄和白兰地的美国总统尤利西斯·S·格兰特（Ulysses S. Grant）经常莅临华盛顿特区的威拉德酒店（Willard Hotel），流连于其散发新古典主义的旅馆大厅，以逃避白宫中令人窒息的繁文缛节，但他随即便发现自己被一群“该死的说客”包围，“说客”（lobbyist）一词从此成了一个政治语汇，并将持续标志着旅馆在公共领域的根本角色。

如在格兰特的年代，旅馆的正门大厅只是不带政治色彩的私人团体会面场所，但是当时光流转至服务经济时代，旅馆大厅早已超过其原有用途。如同西格弗里德·克拉考尔（Siegfried Kracauer）在他那部已成经典的《旅馆大厅》（*The Hotel Lobby*）里所观察到的，一个人坐在旅馆大厅时，很容易就“消失在一个不确定的真空”里，这是因为旅馆大厅为坐在沙发和柔软椅子上消磨光阴的人提供一种无牵无挂、远离世事的感受。[6]近来，旅馆大厅又被建筑师、商人和旅馆业者重新突显，或许也会成为现代世界中被过度定义、过度理论化得最厉害的空间之一。我们在不断重复的排行榜上清楚看出“最酷的旅馆大厅”和“15个最热门的旅馆大厅”这一点，对一般旅客来说，这标示出人们感兴趣，不然就是令人心动的景点。女设计师凯莉·韦斯特勒（Kelly Wearstler）的想法更为全面，她表示：“旅馆大厅是你在旅馆体验故事中的第一章，所有事情都发生在那儿。你抵达、会面、离开时，都要经过大厅，它是旅馆的一种灵魂。”[7]它曾一度被用来逃避工作，现在则为一系列逃避现实与有益身心的互动设定基调。

对当代建筑师麦克·马特詹来说，旅馆大厅不像其他如海滩、购物中心、电影院、礼堂或主题乐园等公共场合，全都将群众的注意力导向冲浪、商家、电影或搭乘游乐设施等共同关注的特殊目标，因而可谓提供互动式公开会面的最佳场所。所以旅馆大厅是为数不多的、专为互动与联系打造的公共空间之一，其他公共空间则促成一定程度的成对效应，鼓励游客当个观众欣赏精彩表演，而当上船出海，或进入银幕闪烁的电影院，或搭乘刺激的游乐设施，则要大家乖乖并排坐下。一座开放的公园可能颇适合作为会面地点，或可供举办趣味竞赛的团体使用，然而其目的是促成某种唯我体验，无法有效达成阶级混合。

从最靠近马路的旅馆边上开始，大厅顽强地屹立着，为客人及工作人员，也为那些刚抵达及正要离开的人，以及站在此机构边缘望向其深处、心中有所盘算的任何人提供一个共同会面的场所。它也是一个带有音乐、座位、精巧装饰与采光等特色的社交场合，注定要让人们在此建立关系，展开一场社交融合。

当希尔顿酒店及度假村（Hilton Hotels&Resorts）的“全球品牌”负责人戴夫·霍顿（Dave Horton）对这个历史悠久的连锁饭店进行美学创新时，便是先从大厅展开的。[8]霍顿与他的设计团队对于大厅“只是办理入住并前往客房的过渡空间”的僵化定位难以接受，于是把精力集中于他们在弗吉尼亚州的麦克莱恩（McLean）旅馆，在里面打造了一间可供应早餐，也提供品酒的“18小时酒吧”，重新装潢后的空间摆满了各种款式的桌椅、新创艺术，以及更大的平面电视。他们抛开集体美学，从而营造出多样化的社交场景。例如，紧紧环绕一张咖啡桌的三件组沙发，或是相互依偎着的一对扶手椅。其目标便是针对各种群体与客人，创造出多元的社群空间，而这一切都是全球品牌的一部分，每项创举都与舒适及风格息息相关。大厅宛如热闹的市中心——仿佛置身于都会摩天大楼旁的街边，四周环绕着咖啡厅与书报摊、三明治店，甚至还有裁缝馆。客人抵达并办理入住的地方，如今以其体贴与殷勤为特色，不再留下陌生且令人生畏的印痕。

如此这般的大厅，其诞生并非偶然，而是被建构或设计出来的。在21世纪初，万豪酒店与IDEO设计公司合作，开始重新构建高档的大厅。IDEO是世界上数一数二的知名设计公司，自诩“以人为本”且“设计主导”，强调科学研究与资料对应。IDEO和商业家具公司——世楷家具（Steelcase）紧密合作，着手开发其所谓的“大堂”（The Great Room Lobby）概念。IDEO团队表现得就像一组人类学家，他们“暗中跟随并观察客人和员工”，并且“辨识”出“客人行经的各个关键触碰点”。他们按此制作出理想的入口大厅布局，在里面设置了一个个相互重叠的接触区间——“个人区”“放松工作区”“社交商业区”。玻璃墙和各式各样的座位安排让客人觉得仿佛每个区间都存在着边界；背景音乐则是为这种“大堂”所“开发”的，还同时配置了“特殊气味”。世楷家具公司在一份工作报告中表示，这项成果反映出库哈斯（Koolhaas）的观点：“那是种第三场所，一个介于家和工作场所之间的空间，人们在那里感觉舒适，乐于工作、享乐与放松。”报告的结论指出，“大厅是（一种）新弹性的象征。一系列联结良好的公共空间，当人们需要大空间时，自然会从一个空间流（动）到别的空间。不同的座位区、餐厅、视线和通道全都通往其他过渡空间，”当然也包括“弧线边缘的星巴克”。[9]对IDEO、万豪，以及世楷家具来说，其目标不仅只是为了打造跨越联结的完美空间；也是为了隐藏这些改造于无形，使得一切看起来轻松自然——顷刻之间，客人不知不觉地进入旅馆最开放的大厅空间，消融于毫不起眼的私密层次当中。

IDEO特别提到，旅馆大厅迥异于家庭及工作场所，是个受到管理的“第三空间”，是更大、更生动且较具规范的地方酒吧，或公共图书馆，或街角咖啡店；它也宛如工厂生产现场，一座“好客产业”的中央生产厂房，将它最棒且最耐用的产品——好客——在此开启，以便让乐于交际与缔结建设性社群的陌生人、朋友们齐聚一堂，但亲戚与同事除外。布莱恩特·西蒙（Bryant Simon）相当狡黠地表示，某些此类空间存在阶级限制，要求符合特定顾客的资格，以至于有些可能不曾被酒吧或图书馆公开拒绝过的人会在此遭到排斥，万不得已时甚至强制执行。[10]西蒙有感于开阔绿地及粗犷街角的日渐凋零，特别挑出星巴克当作第三空间的典型代表，换言之，那是种到头来私人经营成分超过公众化程度、约束更多而自由度更低的地方，但他也可将目光移向旅馆大厅，那里在表现出同样现象，却更为历久不衰且普遍存在——早在200多年前诺利地图便已描绘出的一种现象。

要是说旅馆的前沿部分提供了看似无穷尽的社交互动与公共邂逅的可能，那么旅馆的后勤区域——旅馆的客房服务及餐厅厨房、洗衣房、洗碗房、糕点厨房、侍餐服务室、宴会厨房、宴会摆设及桌椅储藏室——同样为社交会面、组织及再造提供了具可塑性的场合。

举例来说，在知名的达拉斯阿纳托尔酒店，服务区域的规模就和它的旅馆大厅、会面区及商店街一样庞大，不仅是推动旅馆公共区域顺畅运作的隐形发动机，也恰如其分地形成一系列独立的公共场所。整个旅馆就好比一座小型城市，而负责维持旅馆内1606间客房及宴会厅、获奖餐厅与客房服务不断运转的这些各不相同的服务现场，一方面自给自足，另一方面则又互相联结且休戚与共。沃尔特·马洛伊（Walter Maloy）负责掌管阿纳托尔酒店的所有公共区域，他是阿纳托尔酒店服务暨大厅营运总经理，兼任服务生总管（maitre-d'）。马洛伊身为大厅与服务区域之间的联结，如同任何干练的经理人那般，监督着备受瞩目的大厅与幕后服务区域间的衔接。

在旅馆经理人的诸多事务中，首先要确保维持任一公共活动现场不引起注意，而各个场地间基本上无视于彼此的存在——譬如准备一场千人午宴，宾客们在达拉斯非营利服务奖颁奖典礼或其他重大仪式开始前，会四下走动建立业务关系，这时不会有噪音或意外打扰到他们。工作人员悄无声息地组装、拆解数百张圆桌，他们以结构工程师般的精准摆出阵列，灵活穿梭于宴会厅与服务区之间，目标是尽可能保持不被午宴宾客察觉，因为宾客们的眼睛正紧盯着大荧幕电视，上面正播放着颁奖台和一连串在讲台后方发表演说者的画面。

在这里，公共社群建构在为表彰杰出居民而共进午餐的共同行为，以及观看超级大荧幕上播放着获选的少数几人并向他们致敬的集体活动；另一个公共社群则由一群俨然像是特种部队的人员组成，他们集合并解决旅馆公共生活的每次异动时需解决的问题——光是中央厨房就有多达90位员工，糕点厨房则有烘焙师傅以及至少五位正在忙碌的甜点师傅待命，洗衣房也有超过12人的小组，另外还有为数庞大的工作团队负责移动桌椅、操作洗碗机，以及在宴会厨房里烹调。在这种较大型的旅馆里，后勤作业区还真是个人口稠密的世界。工作人员开着城市街道上常见的那种扫街车，穿梭于各个房间与廊道，他们就像是在进行公共事务，确保人来人往的区域一尘不染；厨师长督导每个厨房，与特殊项目的厨师、协调者及督办员沟通，确保一切都按部就班地进行。

相较于规模300至500间客房的旅馆，在阿纳托尔酒店这般规模庞大的旅馆，开进宴会厅进行准备工作的劳动大军要来得更加默默无闻且分工细密，运作起来就像大都市和小城镇的对比。根据马洛伊的说法，一个在较小旅馆工作过的人进入犹如阿纳托尔酒店规模的旅馆工作，就好比一个在阿尔图纳（Altoona，美国宾州城市，人口约50 000人）长大的人来到纽约市，漫步在充满陌生人的街道上，对方和你打招呼时叫不出名字，倒是有机会遇上素昧平生的人；简单说，就是发现自己忽然身处陌生且异化的公领域，不过那里也提供了建立新人脉、友谊及伴侣的机会。

话说回来，不论规模大小，旅馆工作人员共同缔造的这种看似不断变动的公领域和私领域，最终都会依照旅馆更崇高的目标脉络而运作，形成紧密交织的基础架构，维系着吸引宾客逗留与交际的奢豪大厅。对于舒适与亲切的坚持，显现出旅馆业者渴望从最多变的情境中酝酿出一种宾至如归的感觉。进入旅馆正门后再往里走，便会面对广袤渊深般的空间、扭曲回转的走廊以及一连串来宾止步的工作间，它们共同形成了有待定义的公领域雏形之联结组织——也构成其DNA。辽阔的空间具有“多功能性”，某天晚上容纳一场婚礼，隔日便重新布置成政治募款活动会场。临时墙面可以移动、拆卸、重新安装，桌椅则可任意加减。旅馆融合各种手法，在这些彻底改造后的私领域及公领域之间形成错综复杂的新关系，成为可供所有人使用的一体化商品，同时也能按照个人需求量身定制。空间的可塑性，将现代生活里兼具解放与约束的种种新的可能与形式，带进住客的临时视野中。嘉宝说：“请让我一个人待着。”旅馆随即付诸执行，如同旅馆对其他一百次要求私密或公开、联结或隔离等所做出的回应一样。

◎亲密

旅馆具备独特的能力，以分级融合的空间共同营造出流动、多变，却令人印象深刻的“宾至如归”感受，使得现代生活的新形式有机会实现，这种吸引力不仅让住客们难以抗拒，企业主、首席执行长和经理人也不例外。比如卡罗琳·罗斯·亨特（Caroline Rose Hunt）的例子，她本来只是一名家庭主妇，50岁时成为首屈一指的旅馆业者，也是20世纪晚期最成功的女企业家之一。亨特身为瑰丽地产公司（Rosewood Property Company）的创办人，她明确总结出她的旅馆经营哲学及格言，那就是提供“宾至如归”的感受给所有住客。亨特经营的第一家旅馆“龟之溪馆”（Mansion on Turtle Creek）原本是金氏（King）家族的私人宅邸，在1935年为了应急而转手卖给石油商托迪·李·威尼（Toddie Lee Wynne），威尼随后将这间大宅邸改装成他的美国自由石油公司（American Liberty Oil Company）的总部。

假如说，亨特的第一间旅馆见证了一个历史遗址从私人空间转变成公共空间的过程，那么它的改建也反映出公共和私人之间恒常的变动，这也是该旅馆的独到之处。她于1979年买下这座宅邸后，在改造成旅馆的过程中，认真地突显这座大宅的私人源起和历史。换言之，她的企划方针旨在从“把家变成生意”转变为“把生意变成家”。把整座宅邸改造成一家旅馆的主意正好就是第一任屋主的建议，而亨特女士当起旅馆主人后，第一项工程就是在这间宅邸的入口处安置一座马匹的雕塑，向热爱骑马的前屋主致敬。亨特强调，整个构想就是要让这里感觉像个家，因此即便投入2100万美元重新翻修，仍保留了宅邸的阳台、图书馆与客厅，转而使它们融入成为旅馆餐厅的一部分，并把陈旧的地下库房变身为酒窖。当龟之溪馆于1981年开幕后，立刻跻身竞争激烈的美国汽车协会（American Automobil Association）给予的五钻评级以及《汽车旅游指南》（*Mobil Travel Guide*）所评定的五星级中，由此可看出亨特企划成果的分量。她的第一间旅馆华丽、精致、奢侈，且开放租用，证明其概念完全成功，就此成为日后所有瑰丽酒店的原型和典范，包括洛杉矶的贝沙湾饭店（Bel Air）和圣塔非的（Santa Fe）阿纳萨兹酒店（Inn of the Anasazi），以及位于沙特阿拉伯、迪拜、阿布达比、英格兰、巴哈马群岛和英属哥伦比亚等地的旅馆。

亨特不仅主导策划将私人住家转型为企业，进而发展成一个销售“宾至如归”理念——一个你想要终年居住的家、需要旅行才能回到的家——的世界级旅馆帝国。除此之外，她成为旅馆业界当红的企业领袖，这也彻底改变了她个人生活中公、私领域的范围。她在我们的访谈中回忆：“旅馆事业大幅改变了我的生活，而我喜欢这样的改变。”在开始经营旅馆前，她描述自己是个“待在家里的人”，“晚上不出门，专注于教会孩子的功课”。但是龟之溪馆开幕之后，一切都变了，她“顿时成了公众人物”。她对这种从私领域进入公领域变动的第一个反应，就是雇用一位公关人员，这位公关人员告诉她“要建立一个品牌”，而她自己就是最理想的体现——代表瑰丽此一品牌的“完美人格特质”。亨特女士身兼母亲、雍容贵妇、旅馆女主人，以及相当精明的女企业家等多重身份，她结合母性的智慧和令人折服的随机应变能力，在过去40年间管理着瑰丽酒店集团这个大帝国。当问到她瑰丽的成功之道时，她用心观察的心得为："人们想得到私人的关怀与舒适。"他们想要一间够水准的当地菜肴餐厅，这样就不必走出旅馆找地方吃晚餐，而最重要的是当他们办理住房时，喜欢在欢迎声中听到自己的名字，因为"每个人都喜欢听到自己的名字"。

而亨特从寻常人家成为公众人物的个人转变不只是创办她那知名奢华旅馆连锁的结果；事实上，也是由于她以身作则、从私宅搬进旅馆才促成并造就了此番个人转变。自1987年起，亨特一直住在她集团旗下的一间旅馆里—— 达拉斯的新月广场（Crescent），她是那里唯一的永久居民。几户人家短期居住在那儿的各式阁楼套房，也有一家人因为重新装修自己那出自名建筑师弗兰克·劳埃德·赖特（Frank Lloyd Wright）设计的房子，而前来租下整层七楼，这样他们家的每条狗才能在翻修自己家那一年间，都拥有自己的卧房。不过唯有亨特才真的算是长住于此——无论如何，30多年的岁月都堪称长期。她表示自己会搬进旅馆的决定虽说随兴，却不草率，除此之外，也可说是因为她女儿为她在新月广场租下一间房间的结果：当时亨特刚离婚不久，也受够了待在城里的日子，于是决定在那里小住一星期，但她"从此没回过家了"，或许应该说，她为自己创造了一种新家，就位于起初寻求临时住所时租下的空间中。套句亨特自己用来形容瑰丽酒店的格言，她说她的旅馆之家"让我宾至如归……我想这就是我的家"。毫无疑问，那些让她乐于以此为家的事物，正是那些让客人成为老主顾的特质：服务、亲切、便利以及毫不夸张的"他们全都把我当成女王来服侍”。

像亨特这般消融了旅馆和家庭之间的空间的做法——把家变成生意、并把生意变成家——使得旅馆所造就的公共和私人领域间的基本互补性以及这种互补性所足以并确实促成广大人群的新个人存在模式，变得更加明确。若能长久住在一间旅馆里、久到把它称为家，便十足肯定了现代公领域和私领域的混合本质，以及这种混合促成新形态生活的方式，甚至扩及那些抵制这一事实的人。

像是为《纽约时报风尚杂志》（*New York Times Style Magazine*）撰文的英国小说家威尔·塞尔夫（Will Self）。他入住在他老家城市的旅馆——伦敦W饭店，以调查舆论所称的“大都会的旅馆现在是媒体从业人员热爱的工作、社交和文化消费场所”，结果他发现住宿体验让他焦躁不安，且直接威胁到他对于有关自我、空间及人类才能的一些先入为主的想法。[11]即便是四季酒店（Four Seasons）之类的奢华旅馆也正在建造混合用途的设施，部分像永久性豪华公寓、部分像旅馆，塞尔夫的内心深信人们不该永久住在旅馆，就像他们不该住在离家不远的旅馆一样，这反映出都市人长久以来对于都市环境空间的理解，及其对自身造成影响与改变的过时想法。塞尔夫的观点中有关空间维系了公共和私人领域的神圣价值，即作为家庭与工作间的区隔，而忽视了旅馆长期以来扮演着深具感召力的构想空间，以及在社会频谱各端，对于大量来来去去的现代公民——举凡不虞匮乏者乃至时运不济的失业人口，都有着家的功能。实际上，旅馆提供的持久、可靠的长期庇护所的能力，足以证明它能满足全人类对隐私及伴侣、对每一种生理上不可或缺与渴望的需求，且适用于社会经济标杆上处于每一种生命与场所阶段的人们。

◎乌托邦

旅馆具备培养信任、照顾那些暂时无家可归且仰赖援助者的能力，始终都是现代场景中一个长期特征，而这种功能让旅馆对所有社会阶层的人具有不可抗拒的吸引力。

凯·汤普森（Kay Thompson）于1955年发表的《小艾来了》（*Eloise*）故事集大受欢迎，故事精湛地陈述了旅馆在娇贵的有钱人心目中充满了想象的魅力，后续的营销推广更让这些故事变成旅馆——她和书中人物称为“家”的地方——的明显特征，被用来证明旅馆是否有能力协助住客培育新的认同与自为，就连那些看来无此需求的客人也不能免俗。在纽约市广场饭店（Plaza Hotel），六岁的艾洛伊丝独自漫步于最高档饭店的走廊上，而她的母亲并不在身边。要不是旅馆公共及私人场所提供了防护空间，艾洛伊丝将独自身处险恶且缺乏保护的世界，但在旅馆具生成性的惯习场（habitus）中，她幻想出一个充满自为玩乐的世界。即使她的房间被描写成凌乱无趣、满是书籍与玩具，每一件都是她那失踪母亲情感替代的报废品，但房内依然充满阳光，也有位上了年纪的英国保姆“奶妮”（Nanny，保姆）。艾洛伊丝离开套房后，漫无目的地游走在旅馆各楼层间，她和房客及工作人员们玩耍，探索整栋旅馆，体会孤独的自我如何存在于一个更大的世界中。汤普森的艾洛伊丝有很长一段时间都是年轻女孩的最爱，故事先是揭开旅馆的神秘面纱，然后笔锋一转，讲起一个特别的小女孩，年仅六岁，有着不屈不挠的精神，即便身处世上最不真诚的居住空间、母亲也不在身边，依然可以得意洋洋地营造出一个快乐的家。

一如汤普森通过艾洛伊丝所描述的，广场饭店是一个家、一个家庭，也是街坊邻居——这是等到艾洛伊丝终于长大后，将会居住的更大世界的缩影，因此算是一个形成中的现代公民的历练场；也有助于艾洛伊丝的自我塑造，因为旅馆为她提供了一系列代理人和社群化身，激励她充满活力地不断进步。她和"奶妮"每天享受着客房服务，从来不用自己下厨。在白天，要是"奶妮"分身乏术的话，艾洛伊丝就在旅馆里四处溜达。她参加别人的婚礼，她和杂役一同玩乐，她甚至自夸已经"风流过56次，其中还包括万圣节妖怪"。一大群服务生、行李员、门房及宾客全都默默地照顾她。虽然没有传说中的邻里街坊，她拥有走不完的廊道，每扇门都通往旅馆中的另一个暂时的"家"。当小小年纪的艾洛伊丝嘻嘻哈哈地闯进大厅，用棍子敲打木门或是穿着四轮溜冰鞋重重跺地，整排房门都会打开，宛若邻居的住客们被吵醒后探头观看、指导、一起"当父母"。我们看到有个男人穿着条纹裤、手拿调酒，身后是个漂亮女人，另一个男人穿着浴袍、脸上还沾着刮胡膏，接着是第三个男人牵着一条小狗、穿着极为讲究。在关上的房门之后，广场饭店充满了离散的家庭领域。一旦房门打开——在此故事中，有机会照料一个淘气的小女孩——出现的是一种另类公共，这里的街坊不是由人行道与门前阶组成，而是构筑于私有及暂时租赁的旅馆通道、大厅和电梯。

故事里如同家一般照顾着过客的社区以及激励小主人翁实现某种自为，不单是启发本书作者的素材，广场饭店接下来也毫不客气地运用在行销企划中。汤普森和她的插画师希拉里·奈特（Hilary Knight）在1955年“窝在广场饭店里”，她描述她们的合作是一个“写作、编辑、哈哈大笑、素描、剪贴、再哈哈大笑、大声朗读、开心地笑，然后突然书就完成了”的过程。[12]汤普森沉浸在广场饭店的世界里，她逐字逐句地模仿一个在旅馆大厅漫步的小女孩的说话口气，直到她让整个故事变得完美。40年后，这座旅馆被指定为文学地标——公认的“艾洛伊丝之家”，广场饭店因而得以发展一套行销策略，充分运用旅馆私密层次绝妙的滋养及其应许客人重新自我想象的机会，所带来的令人向往的魅力。如今仍让旅馆入口增色不少的文学地标匾额上写道“凯·汤普森写作艾洛伊丝期间住在广场饭店”，而且她坚信是旅馆慰藉人心的怀抱致使她“创作出这个虚构的万人迷”，惊人的效果让她能以超常的准确度与力量勾勒出“一个住在旅馆顶层的六岁小孩”如何重新看待这个世界。[13]在该书初次发行后，饭店大厅立即挂起一幅由插画师绘制的艾洛伊丝画像，很快地，许多妈妈就带着小女孩前来朝圣，据说格蕾丝王妃（Princess Grace）当年也曾带着她的小朋友参观这间饭店，却因为暂时休展而感到沮丧。

唐纳德·特朗普（Donald Trump）则在20世纪80年代买下这座旅馆，试图巧立名目，靠艾洛伊丝大赚一笔，这让整起事件成了耸动话题。特朗普雇用了原本的插画家希拉蕊·奈特，然后根据艾洛伊丝的插画设计了一间儿童套房，接着打造了一种立体的文艺舞台：客人可以住进去，或能重现故事里旅馆具疗效的惯习场。可是特朗普中止了前任旅馆老板行之有效的安排，也就是拒绝让凯·汤普森再免费住下去；这惹火了汤普森，她阻挠特朗普利用艾洛伊丝来营销旅馆的盘算，所以这项工程也就中断了。尽管旅馆有一间艾洛伊丝主题客房，游客可以坐在那里，想象自己就在故事场景中，另外还有一间以艾洛伊丝命名的冰淇淋店，但一直要到汤普森去世之后，广场饭店才能充分利用文字来赚取现金，大张旗鼓地将故事整合到旅馆的营销及建筑计划中。在2009年年末，艾洛伊丝营销活动成为全国目光的焦点，她的故事上了《早安美国》节目，全国媒体头条也刊出广场饭店全新推出的艾洛伊丝主题商店和特惠方案，譬如艾洛伊丝睡衣派对早午餐、盛大举行的艾洛伊丝生日派对，以及精彩的白金级艾洛伊丝派对来庆祝她的55岁生日。旅馆经营者动起了生意头脑，宣称多年下来“艾洛伊丝应当有个家”，于是把汤普森在故事里所描绘的、如家一般的隐私原始信条当成旅馆商标。[14]零售部门执行副总坦诚道，“对艾洛伊丝期望甚高”，“她就是这样一个角色和人物，很像广场饭店。”她预期艾洛伊丝主题商店将会跟上市公司“美国女孩”（American Girl）一样赚钱。如今，艾洛伊丝这个品牌的旗帜——展现出广场饭店内部无国界之分的地缘政治——就悬挂在旅馆大门上方。

旅馆中那看来可经由打开门锁及转动门把手而确立的高

可塑性另类公共及私人空间，并不只是虚构和富裕的事物以及在四星级饭店闲晃的那个可怜的迷人富家小女孩的幻想世界与特权，而这些自为空间也非那些响应广场饭店后来全力营销推广的文艺窥私癖的精英消费者所专属；相反地，旅馆魅力和承诺中经常被忽视的这项元素却直接命中现代建筑师为部分社会构想多单位临时住房的核心问题——即如何尽量远离艾洛伊丝。都市游民的各种吸毒成瘾、精神疾病和身体残疾的状况，让市政当局或联邦机构历来所能梦想、用以提供避难和临时庇护的任何现有公共与私人空间幻灭。

就拿马特詹替“流浪者之家住房信托”（Skid Row Housing Trust）执行的多阶段计划为例。“雕刻匠与彩虹”（Carver and Rainbow）短期住宅社区，和以往那些把死命占用高速公路下方及地铁站公共空间的人移出、并迁往远离大众视线的私人居住场所的单人房旅馆不同。马特詹的设计是从询问游民如何为自己构筑公共和私人空间开始的，而不是将每位住客安排到某间在长长走廊串接起来的一整排私人房间当中，且这些房间的唯一用途只是将每个人彼此隔离。街上的游民通常会做的第一件事，就是在自身周围搭起墙来，以建立一种安全感——不论是纸板墙或心理防御，因此“雕刻匠与彩虹”提供让人安心的墙壁，但也为建筑物里带有心理创伤的房客提供替代的社交空间与缔造社区的可能性。[15]

通过参考传统旅馆的标准建筑概念，“雕刻匠与彩虹”从而激励出自发的社区互动——双开式的大门（double-loaded door）优化了旅馆的狭长走廊。利用这种以个别私人空间优先、将各种在替代公共空间不期而遇的机会最小化的双入口模式，来取代单开式门出入口的概念，让“雕刻匠与彩虹”在私人和公共世界间取得平衡，甚至当他们为住客创造假想机会以尝试治愈式的社交邂逅时，也能受益。每个人的房门都位于这些圆柱形建筑朝外的内墙上，而环形内墙则可让住客看到建筑中心及其内部的多功能空间。这些建筑的中央庭院可用来举办多种社区活动，包括充当洗衣区、社区厨房空间、户外聚会区，以及上瑜伽课的多用途空间，此外还用来举办87号和97号单位建筑物居民要求的一系列康乐活动。换句话说，替代的公共空间是这些圆柱形居住单位的核心元素，给予居民机会，让自己同时重新融入公共和私人领域，尝试创造他们制定并选择的公共社群。

距离“雕刻匠与彩虹”不远处，同样绵亘在十号州际高速公路旁的，还有丽笙（Radisson）这类为迎合南加大周边富裕人口而建的豪华酒店，但“雕刻匠与彩虹”不会显得格格不入，而是与其都市环境合作共生，它的弧形正面对应高速公路入口匝道的曲线，住客在长长的洗衣房平面可不时看见窗外的高速公路景观，住客在此受到庇荫，远离他们再清楚不过的严酷现实——家居生活无情地暴露于公众，淋浴的私密在往来车辆头灯照耀下荡然无存。不像丽笙的住客，在饭店短暂住上一两晚，然后就回到他们位于高楼层、市郊住宅区或拥有岗哨的社区里的家，那些住在“雕刻匠与彩虹”里的人们体验的是另一种短暂居住。他们没有一个能够安全区隔开公路匝道、大众公园和废弃停车场，作为根基的家，这些居民在登记入住时将他们的私人世界和随身家当扛在背上并藏于脑中。他们并非寻求暂时逃离居家生活局限，远离哭闹孩童与吵着要散步的狗的一个世外桃源，他们遭遇到挑战，而“雕刻匠与彩虹”鼓励他们放下情感包袱，安顿在一个为尝试疗愈并缓解游民生活现实中公共及私人的失序混淆而建构的环境里，逐步重新构想他们在世上的定位。

这想必是种乌托邦式的愿景——第一次放眼望去马特詹所描述的计划，丝毫不会让人联想到福柯的“圆形监狱”（Panopticon）中的革新式惩戒体系。当然，即便“流浪者之家住房信托”属于非营利组织，也仍然需要收费。设施里的1500名男女老幼住客中，有许多已住了长达一年，但他们并非免费住在这里，他们跟任何旅馆住客一样得付费。这处临时庇护所广纳各式各样的居民，包括残障人士、老年人、退伍军人、社工人员、艺术家、园艺工作者、刚成年的年轻人、变性男女以及神职人员，它被定位在提供传统旅馆的设施，而不重视广场饭店访客所极其在乎与珍视的匿名性。当艾洛伊丝敲门时，那些陌生人打开旅馆房门，会见到无家可归的孩子脸上神色仓皇的嬉闹，“雕刻匠与彩虹”的居民太清楚街区游民与陌生人那种更加疏远的相遇。因此根据“流浪者之家住房信托”的说法，当他们真的进入“雕刻匠与彩虹”社区后，会变成生机勃勃社区中活跃的一分子，“以他们克服无家可归的共同经验而团结起来”，尽管这种经历最终只是暂时和过渡性的。[16]

无论形式如何，以及位于何方，毫无疑问也绝无例外地，旅馆的中心效应一律在私人密室的门槛前结束。在那里，访客及住客、贵妇与小女孩，都会遭遇通往家庭的强大门户。更具体地说，他们站在一道比你家中一般内门更加坚固的大门前。的确，现代旅馆的房门独自反映出此机构错综的公共与私人功能复合体，其特征是没有边窗，没有毛玻璃窗，也没有任何迹象显示里面是否有人，或是醒着，或在走动。这是一道不可能突破的屏障，里头布满锁及链条，只靠着一个号码标示，来辨识一个内部空间，门上还有个窥视孔，让客人秘密查看社群走廊的动静。终究，这样一道门还是必要的，房客才能放心，晓得他们在一个公共结构里有个安全的藏身之所，而且，在租约期间完全属于自己，可依照他们的愿望与想法来形塑或改造。一道门及入口或可让人注意到另一间房，并臆想着门槛后有些什么，毕竟，这扇色调乏味、厚重、隔音又防火的旅馆房门，昭示着旅馆机器对私密空间的承诺，而前提是按时结清账单。至于这道门后面究竟在发生什么，真的不关任何人的事。

伦敦布莱克斯酒店（Blakes Hotel, London）的“可福套房”（Corfu Suite）被网络旅行社“史密斯夫妇”（Mr. and Mrs. Smith）评选为2013年最性感卧房。“史密斯夫妇”每年都会“猎捕”最浪漫、适合入住的亲密空间，并且会“好好彻底检查一遍”。可福套房是一个“华丽的薄纱，亮白色的藏身处”，“制造有点朦胧的记忆”的准情色空间。

第二章

私密

在十月的一个沁凉夜晚，演员查理·辛(Charlie Sheen)在广场饭店被逮捕，他造成了大约7000美元的财物损失，并涉嫌拘禁、威胁，此外也吓坏了当晚的付费伴游女郎——色情片女演员卡普莉·安德森(Capri Anderson)。

22岁的安德森是查理·辛通过洛杉矶一名皮条客撮合的，当晚就是两人一起和他的前妻丹妮丝·理查兹(Denise Richards)共进晚餐。结果就像成人电影导演稍后在晨间脱口秀节目中提到的那般，那天晚上很快就被酒精、种族诽谤和肢体暴力弄得一塌糊涂。在辛和安德森回到旅馆后，重要的买卖——性交易——被一阵狂乱的破坏搞砸，最后警察接到报警赶到现场。这位永远的"坏男孩"*在警察抵达时正全裸着站在房门旁，口中不断抱怨有人偷了他的皮夹，而当晚这出闹剧的配角安德森，最后一毛钱也没拿到。[1]

查理·辛的疯狂举动活生生地重演了一场男人们或许注定会在旅馆放浪形骸的老套剧情——主要是因为旅馆贩卖的是

*　译注：引用自*Bad Boy on the Edge*剧集。

一种特别的私密。

实际上，在所有关于这种既热闹又熟悉桥段的著作和改写作品中，有个重要且不变的事实始终存在：这在现代生活中肯定显而易见，许多男人，如果自己想搞点花样，通常都在旅馆里进行性的探索。旅馆提供的某种特殊的私密，会鼓励这种性幻想成为现实。阿兰·德波顿（Alain de Botton）所引述的，就是这种旅馆生活中不可否认的事实，他观察到“旅馆形而上的重要性”激发现代自我的性心理（psychosexual）情色欲望。[2]如果说此般自为在某种程度上看似搅乱了当代文化规范的分寸，那么它的普遍存在刚好提出相反的举证——旅馆墙内“走出性的束缚”的进行式，绝对是旅馆销售商品文化的一种常态，大致上同属旅馆免费提供给住客无线上网与自助早餐等承诺的一部分。

上一章探讨了从旅馆赋予的独特公共空间延伸出来的各种私密层次，接下来就要谈谈房门后会发生什么事；换言之，接下来会深入旅馆所创造给房客的私密空间，瞧瞧现代民众在其中发生了些什么事。有篇简短的百科全书式文章，从违法程度不一而足的艾略特·斯皮策（Eliot Spitzer）*丑闻一路谈到“尾钩事件”**，给人们一种沮丧、预料之中的阅读经验。在旅馆坚

* 译注：艾略特·斯皮策（Eliot Spitzer），前纽约州长，曾传出用公款嫖妓丑闻。

** 译注：“尾钩”为海军舰载机上特有的降落设备，被视为海军飞行员的象征之一。“尾钩协会”（Tailhook Association）类似军人联谊会，作用为让现役和退役人员交流感情，然而在1991年9月例行大会上，有超过100名美国海军飞行员涉嫌集体性侵83名女性与七名男性。

固的结构内，看来某种男性特质会挣脱家庭束缚，危险地释放于世界上唯一承诺（如果你寻求这种承诺）让你吃饱、喝得酩酊大醉、介绍陌生人给你、屏障你（如果可能）避开警察的双眼、让你摆脱（如果你想要的话）日常生活规律，接着叫醒你再从头来过的社交机构，难怪这种粗暴的狂欢注定要接二连三地发生。

在这一章，我们打算说明旅馆不分性别的内部私密空间的社交功能。大体而言，本单元特别主张旅馆各种公共和私人空间并不全然是按部就班或相辅相成地运作，而是以冲突、凌乱且折腾人的方式在进行——这一点至关重要。大厅里的迎宾及其大都会规则，不只是构成旅馆最终在出租卧房内圆满吸引力的一部分；它们也与危险的、阶级的、性取向的家庭世界存在着超现实的关系，而这些全都是客人内心深处的一种特殊的表达。然后，旅馆的神话可能接着会在诺利地图上标记为黑色的内部密室内应许“超棒的性爱”，而它交付的却可能是非常不同的东西。空间，正如现代旅馆创造并清晰表达的那般，其所促成的现代主观性实验，毫不费力地就能将个人的卧房隐私搬上《纽约时报》（*New York Times*）头版，而旅馆那似乎无限的能力让人目不暇接地移动跨越私密层次和阈限（liminal）*空间，使得旅馆成为现代生活这出大戏里寻常且持久的舞台。当看来理当处于极度私密时，舞台上却公然上演不断挑逗的激情大戏，鲜活地演出性爱的“反动”，看在客人眼里，觉得这种摩

*　译注：阈限（liminal），神经科学中，物理刺激能量可以被个人觉察的临界点。

擦便是他们在旅馆的协助下，大举冲撞其顺应常规的秘密和最强驱力。

我们纳闷，旅馆故事中此一特殊情节何以如此普遍，瞧瞧周围，那是因为人们自然而然地认为现代奢华旅馆为性而建的理由，与为睡觉而建的理由一样充分。厚重的房门、厚实的墙壁以及遮掩私密的窗帘将房间包裹在秘密与无声当中；旅馆员工尽职地维护秘密与隐私。但尽管如此，性爱的激情声飘扬，通过通风管穿过墙壁，偶尔传进你的房间，也传到走廊和电梯等候区等更公开的场所，宛若电梯里的背景音乐。特大号的床和柔软的床单是焦点的中心，占据绝大部分房间，仅留下极少数宝贵空间来做躺下之外的事；还有个任你享用、应有尽有的冷藏饮料吧，淋浴间设计为两人共同使用，宽荧幕电视就位于床前。你或可在一般的路边旅馆见到相同的特色，前提是那些地方试着模仿顶级精英空间的感官与功能：水疗旅馆、度假旅馆，以及历史上赫赫有名的富贵名人休养地，或是——简单说，那些“让自己想象可以就是这样”的地方。

当历史学家桑多瓦—史特劳茨在他的《旅馆：一部美国的历史》（*Hotel: An American History*, 2007）中追溯到19世纪的性实验、甘冒风险和不当行为的主题时，他指出，“有些人去旅馆的理由并不恰当”。按照这种说法，旅馆业者和旅栈老板不断地为控管并净化住房经验而挣扎，这场斗争使他们和一群名副其实的“奸夫、淫棍和妓女”“窃贼和骗徒”较劲。[3]根据一次道德管理的决议，19世纪后期的改革者开始把《圣经》放在旅馆房中，希望在出现极强诱惑的当下，靠着一本圣典就能开悟一位住客，让他保持正直，留在通往恩典的狭路上。这种将旅馆视为罪恶深渊、挑战疲惫而虚弱旅人的意志的传统，一直沿革至今。“我们敦促请不要让您的旅馆沾染色情”，两位宗教领袖最近在一封致几家连锁旅馆的公开信里如此写道：“因为从受苦受难、堕落或腐败的人身上获利是种道德错误，你们正在为了获利而将诱惑放在他们的道路上。”[4]

相对来说，我们把这种斗争的表达视为公关的聪明手腕，掩盖了出租私密空间在空间政治上的基本矛盾。向住客提供色情仅仅是一个更大问题的征兆，因为性深植于我们身旁的现代旅馆建筑中，且时常与家庭生活、亲密关系和隐私紧张对峙。诸如广场饭店这类上流旅馆——建筑评论家大卫·科林斯（David Collins）在2001年将它们命名为“新旅馆”——把卧房想象成“旅馆最私密也最亲密的地区”或是“目的地以外的目的地”，因而街道上每一个接触点都向内流向内部圣殿与床。[5]我们在这儿把重点放在“男人们放浪形骸”上，只是因为这些过于公开的混乱将以往被隐藏起来、一直被理解为冒险精神的事物公之诸于世罢了。假如查理·辛能够干脆地和他的伴游女郎一起退回房间，以合宜谨慎的方式做他要做的事，就能合乎旅馆的潜规则，“合宜谨慎”地进行各种罪行，在豪华的床上享受性欢愉，而那也就是旅馆贩售的商品。结果查理·辛没有照规矩来，如今他的撒野八卦仍然提醒人们——假定他们需要这种提醒的话——旅馆及其带来的特种私密也是表面上解放与不顾后果放肆的场所，即便这种暂时的放肆最终造就出国家政权和个人自律。而当查理·辛在旅馆里撒野时，只不过意味着向公共道德挑衅并引起公愤，照他这种理由，他还真选对了地方。

因此对于现代自我中“性”的成分而言，旅馆房间是个万里挑一的创造场所。旅馆也通常致力于创造并确认性和性行为的概念，同时，若仔细界定分寸，也可能促成计划性的逾越常规，尤其是（但也不全然针对）男性。如此一来，旅馆房间里就没有“不当行为”；没人真正在里头放浪形骸，而且这情形倾向成立，因为如同我们在前一章里所看到的，旅馆建筑和社会逻辑中根深蒂固地存在着流动和看似无尽的灵活。事实上，把伴游女郎关进浴室，捣毁自己房间，弄丢皮夹、衣物，并且失态，查理·辛只不过自然而然地就做了此机构所着重的事情——稍微瞄一眼旅馆生财之道所在的私密层次就明白了。愉悦在某种程度上是空间的产物，此外并不存在所谓自然而然的性感。

然而也不存在自然而然的私密，旅馆私密空间所应允的那种表面上非法的性，注定要在国家层级引发公共和政治辩论。除了查理·辛这样的个别公民会在旅馆房门后冒着登上头条新闻的风险之外，2012年特勤局在哥伦比亚卡塔赫纳（Cartagena）的丑闻情节更是明显地引人注目，公务员在私密旅馆卧房内的性交易事件赤裸裸地呈现在公众眼前，让人质疑全国政坛及其诚信。

2012年春天，一名干员和一名当地应召女郎已经完成了性交易，因谈不拢价钱而发生纠纷。本来只是个人的私密纠纷，却在加勒比旅馆（Hotel Caribe）的公共区域闹得一发不可收拾，结果引来当地警方的介入，并惊动了特勤局安全官员和美国军方人员，他们全都陷入这起扯不清的国际纠纷。新闻上的头条写道：“男孩们使坏”，暗示问题的核心出自男人本性、男性阳刚与父权制。随之而来的是共和党与民主党人异口同声地愤怒谴责，表示此正当该团队为迎接美国总统奥巴马、接着进行拉丁美洲访问而预做准备的非常时刻竟捅出这种娄子，极可能危害国家安全，这是一项严厉指控。

如同许多拉丁美洲的旅馆一样，加勒比旅馆对于职业性工作者的例行工作及行为有着规范与尺度。事件焦点中的女性——一名24岁的应召女郎，平时收费高昂，确实陪那名男性干员睡了一整晚，而《纽约时报》一本正经地坚称她“并非妓女”。隔日凌晨，旅馆员工按惯例唤醒该名应召女郎，提醒她要在早晨6点30分前离开，好让房客恢复其煞有介事的日常面貌。她后来向《纽约时报》表示，这次接客她只收到远低于以往的微薄费用，然后就被驱赶到走廊里，并被羞辱到哭了出来，还被锁在房间外。另一名也因凌晨清场规定离开的应召女郎试着帮她解围。后来有名当地员警出面介入，陪着她一起返回房间，以确保她能依照前晚的口头协议拿到该有的酬劳。旅馆的安全人员随后赶来斡旋双方能够妥协的费用。随后这名年轻女子被人低调地带出旅馆、送上一辆出租车回家。

一时之间，公众对这起事件的质疑声浪四起，不仅指向涉案个人的诚信度，更普遍针对美国政府在海外的防护措施。在丑闻爆发后，这间饭店便隐约成为整出戏的关键背景。一家名为“精神航空”（Spirit Airlines）的小型航空公司比别人更加直白地看待这件丑闻，逮住此商机打出了一则新广告——“让你的每一块钱物超所值”—— 提供给那些渴望在酒店床上与妓女来一场翻云覆雨的旅客。这则广告的呈现方式是四名穿着粉红色比基尼、体态丰腴的女人位于较低处的背景中，她们把手放在臀部，脸上露出害羞而欢迎的微笑；广告右侧则是一名男性的超大特写，他戴着墨镜和耳机—— 一副特勤局干员的模样—— 他的手指放在嘴唇上，示意安静保密。这则广告看起来好像在说，来加勒比旅馆，任何事都能做，而且在那儿做“任何事”的价格——从机票、住宿到各式各样附加的风流事—— 都非常便宜！便宜！便宜！从全国新闻头条到大众广告，特勤局丑闻不断在各个公共话题社群间发酵，相继引发全国性狂热和夸张的意淫风潮，而这正肇因于从旅馆私领域中所揭露的国家机构与个别公民的淫乱行为。[6]

这里我们把重点放在性的具体问题上，以便更广泛地指出，哪怕各种为净化或纯净旅馆公众印象的努力坚持不懈——从19世纪道德改革中诸如在旅馆床边桌上摆本《圣经》的“圣疗”，到近来移除旅馆付费频道选单上的色情节目—— 然而这些空间也本就是设计用来让旅馆房门后大家心知肚明的“某种狂野勾当”发生的，并鼓励那些付费在旅馆内另类公共和私人空间得到临时庇护的人，充分利用旅馆提供的空间机会进行自为、试验，拥有焕然一新的体验。不论是国家外派人员还是一般公民，都会在旅馆的私人空间中进入另一个看来像是渴求及回归情色的替代世界。如同阿兰·德波顿所言，若要谈论更多有关性的话题，那就不得不牵扯到旅馆以及蕴含于其社会逻辑深处的私密层次。没错，发生在这些庞大机构中，及每间套房或客房租赁空间内最重要的事情，就是亲密间或令人愉悦，以及结构本身所必然衍生的结果，再加上我们所赋予它的许多意义。

◎市场

人们可以就现代旅馆房间里各种性的表象写成一本或一系列书，包括从（在精神和政治层面）《风月俏佳人》（1990）到《美丽坏东西》（*Dirty Pretty Things*, 2002）等电影中性的表象。我们并不纯粹探讨那些刻画旅馆中如何呈现性表象的书籍——如得克萨斯州查查连锁旅馆那种装饰浮夸俗气的旅馆，使用猥亵的照片来引导客人走到他们的房间，及一旦进房后他们或会进行各种可能的情色活动。我们也不讨论像是切尔西等特定旅馆所能传出的故事——此般神话助长这些旅馆所自诩其性淫乱情色殿堂具有的重要历史地位。当然，还有些旅馆，比如图书馆旅馆（Library Hotel），让旅馆房间、性与书籍之间的联结显而易见，它采用杜威十进位图书分类法，将其异国文学主题房有效打造成图书馆旅馆所推出的“情色大典”的特许场所——其“欲经精华爱情合辑”中包括诸如《爱经》（*The Kama Sutra*）及《激情艺术》（*The Art of Arousal*）等藏书，还有色情影片及香槟。仅通过这几个简短描述的例子，也可看出旅馆中文本性与情色性交融后别具一格的力量和意义的无数形式。[7]

至于旅馆究竟如何将性的实验当作自我觉察的一项关键

要素来贩售，则还有说不完的故事。相关书籍不仅记录了性与旅馆之间的联结，以及所导致的各种个人觉醒——有些人还更进一步，他们痴迷地视旅馆为一种性邂逅的特许空间，于是别具目的地写出煽动、甚至诱惑性的文字，使读者成为旅馆性闹剧中的主动参与者，而非被动观察者。这些关于旅馆的故事，描述旅馆不过仅是性的创造者空间，个人可在里头试验并为自己设计不同的性体验，只要客人走进旅馆大门，最后便能找出在世上全新的存在方式。

例如，瑞秋·克莱默·巴塞尔（Rachel Kramer Bussel）的《请勿打扰：旅馆性故事集》（*Do Not Disturb: Hotel Sex Stories*, 2009），便示意读者阅读这本多名作家的故事合集时要到“现场”。换作巴塞尔本人，当她认定旅馆房间时髦且散逸出性感，便会在“待在旅馆大厅”或正当“在旅馆房间床上制造大量噪音，吵到别人把保安叫来”的时候拿起这本书来读——“旅馆房间用一个词形容，火辣”。她都先从观察开始，她的目的是用书本使旅馆的公领域及私领域成为更加煽情的终点。[8]在此处，阅读是一种情感的前戏，一种淫荡的半公开活动，点燃读者高涨的亢奋情绪，使之如烟火般在旅馆房门后炸开。假如说，阅读与旅馆相关的文字，可被想象成一种充分牵动所有读者感官和情色渴望的淫荡活动，那么作者便能同时捕捉并反映出那独一无二的，穿越酒吧、大厅、迎宾区等旅馆公共空间的性能量脉动。

当我们浏览“旅馆性指南”（The Hotel Sex Guide）这类内容来源广泛的网站时，就能发现具有惯习场及实验室功能的旅馆，如何在过去、现在及未来鼓舞客人，同心协力进行对性的探索，这也是旅馆的营生之道。“旅馆性指南”网站提供众多城市里“撩拨你的感官、点燃你的欲火、替旅馆床单加热”的特定旅馆。[9]“旅馆性指南”恳请其他访客分享自己的“旅馆性经验”，经由分享，把旅馆中的性想象变成一种无法抗拒的集体幻想活动。正如“猫途鹰”（Trip Advisor）或维基百科（Wikipedia）广纳成千上万使用者的集体智慧，“旅馆性指南”也同样征求“作者、读者和来自全世界的爱好者做出贡献”，或是共同执笔关于旅馆向客人提供的“沿着爱之高速公路的性感之旅”的文章。而自从广告网站“克雷格列表”（Craigs list）上出现征求陌生人在即将到来的旅馆住宿时一起做爱的私人广告，以及旅馆在营销上标榜自己为“同志友善”或“同志旅馆”后，旅馆的同性恋活动已成为性探索时的一种可识别亚种（subgenre），也成为旅馆向旅游者打出情色乌托邦、游乐场及刺激的实验场等广告的关键特色。

不论其性取向为何，旅馆私人空间所撑起的对于性的大胆尝试、冒险及探索，将概念上的私密层次远远推出旅馆范围以外，因而强化旅馆在文化想象中的地位，成为育成性心理自我的强大孵化器，以及激进实验和冒险的特许场所。

诸如《男性健康》（*Men's Health*）这类相当深奥的出版物中，详细阐述了阅读、写作，以及在世界主要旅馆中尽情享受爱所带来的治疗效益，其中暗示着旅馆深层隐私根本上服务于更宽广的文化标准。其指导性文章《开一间房：如何让旅馆性爱更加狂野》（*Get a Room: How to Make Hotel Sex Even*

More Wild)，鼓励读者充分利用旅馆房间的暴露狂元素——旅馆房间的大片落地窗面向其他建筑以及性交时被人看见的必然概率，就作者看来，真正有益于身心——同时增加偷窥的乐趣，进而提高性锻炼的有氧强度。[10]不论是把重点明确放在床上，或是集中在旅馆房间对外在世界的联系上，洋洋洒洒一大篇文章毫不含蓄地完全写性与旅馆衔接并融合公领域及私领域所具备能量的情色意涵，而正是这种能量使它们同时发挥作用，在你入住期间，绝对让性变得更加性感。不消说，这股从旅馆最私密幽深处突现的性的能量，也会在房客结束住房而行李尚未打包前，暂时出来扰乱行将离去的住客，但通常仍一如既往地继续运作。

这普遍存在的性表象在最精致的旅馆里建立了对于性的期盼，让形形色色的人们在代表国际化的场合到处见到性的诱惑。它们促成旅馆提供补充的概念，使之转化为一种恢复元气的异境，以及一个不受约束、深深浸淫于性的游乐场。在其效应之下，我们会看到微笑的情侣，点了香槟和草莓，在浴缸洒下浴盐，黯然销魂于一个浪漫的周末。另一方面，此类效应也在认知上将旅馆联结到尺度夸张且逾越法规的荒诞淫行。我们不难想象吃了威而钢的衰老政客喜滋滋地冲出浴室，奔向那本应来自家中另一半的拥抱；或是年过半百却性饥渴的花花公子，兴高采烈地享受熟龄情色女星服务的画面。

然而旅馆房间不只是我们投射幻想的被动结构，几乎每一家连锁旅馆的广告策略都悄悄地透露着性。大概十年之前，《时代》(*Time*)杂志报道在旅馆房间收看成人电影的平均时间已突破12分钟，这是一项十足挑逗的细节。《时代》此文刊出后，近乎半数投宿主要连锁旅馆的房客会在各种随选电视系统购买成人节目，让旅馆从房内购买管道赚取大量利润。旅馆千方百计地让客人不但能够保有隐私（当然也包括性隐私），而且看来势在必得。

旅馆房间不仅是个色情消费的专属场所，也是制作色情、编剧和旁白的主要舞台。在旅馆中各种性实验与制造幻想的坚实联结运作下，无怪乎色情能在旅馆房间范围内觅得一处安乐窝。从美学上讲，旅馆房内的一种共通性布局，除了由中性色彩和熟悉的材料组成，也对房内物品进行了刻意安排，诸如床、桌子、灯、镜子，形成几乎任何人都万分熟悉的场景。旅馆房间的匿名性和看似无限的复制能力，使之成为观众可尽情挥洒自己性心理幻想的画布，且不时与荧幕上之种种相互激荡。如同色情镜头的标准场景设定，无论同性恋或异性恋、业余者或以此谋生者，旅馆房间都在这儿提供给住客一个富于幻想的特殊场所来欣赏色情片——在此场景设定中，旅馆房客和他们观赏的色情内容之间的界线不断地模糊并混合，更增加了旅馆色情中的偷窥诱惑。

话说回来，毕竟这种色情的普及，一如性的普遍，并非旅馆广告中能够摊在阳光下直言不讳的特征，它依旧保持私密——就像旅馆房间本身，绝大多数外人无从窥视。罗伯特·坎佩尔（Robert Kumpel）2002年为《圣地亚哥读者报》（*San Diego Reader*）到圣地亚哥进行采访，他发现当地无论是单人房旅馆，还是顶级旅馆，在每一间旅馆里都能收看色情片，却没有任何一位旅馆经理愿就此坦率发言。他在一间旅馆仔细浏览付费频道的选单，并选择标示“热辣”（Red Hot）的选项——那些电影似乎是按照性爱激烈程度分类的。隔天早上，他很诧异账单上的“电影／网络／电玩”项目收费仅13美元。就以上这些，蒂莫西·伊根（Timothy Egan）于2000年在《纽约时报》的撰文中表示，随着新科技的普及，“使得在家里订阅色情节目比订比萨还容易”。伊根继续写道，有些大公司，尽管他们不愿公司名称曝光，但他们现在已成为“成人内容从卧房到工作隔间，再到旅馆套房，一路扩散到每个私人空间的关键角色”。[11]

毋庸置疑，旅馆无法在公开营销中宣称自己的每一间客房都是个罪恶巢穴——在热心员工的管理下，男孩可在里头干着男孩的事，而旅馆保安人员还能不让警察靠近。希望成为适合阖家光临场所的万豪连锁酒店，就此想办法建立良好公关，在21世纪年代晚期宣布将从所有新饭店的规划中移除成人内容，结果付费收看电影的需求突然下滑，使得万豪和其他连锁旅馆一样，迅速采取行动，主要借由无线上网收费，以弥补失去的潜在利润。《每日邮报》（*Daily Mail*）谴责iPad，表示现在商务旅客更可能随身携带他们的非法娱乐，或从线上第三方串流媒体网站取得。如此说来，这就不是一场革新，而是一场革命，反映出无所不在的笔记本电脑、平板电脑和智能手机要比品味来得更重要，因为新科技让人们在旅馆房间内定的安全区域取得成人内容变得越来越简单。更佳的利润加上更好的公关——均来自于提供网络连线，也能让住客自己找到心中所想的任何事物。

旅馆房间提供给住客的这种特别隐私，让房间不仅是欣赏及拍摄色情影片的特定场所，更确切地说，它还能轻而易举地成为实况举办跨越性尺度仪式的动态场所。在当代文化中，我们太常见到旅馆房间让人简单随意地犯下看似临时起意的性侵及毫无节制的性暴力。

举例来说，就在查理·辛那个可谓惊心动魄的夜晚之后还不到一年的时间，2011年春季的一个夜晚，一名在曼哈顿的高档奢华旅馆索菲特饭店（Sofitel）担任客房女服务生的几内亚移民，进入了国际货币基金组织某位领袖且很可能成为法国总统候选人下榻的套房内。套房内的人正是多米尼克·斯特劳斯—卡恩（Dominique Strauss-Kahn），一位头发灰白的欧陆和全球政治老手、世上大权在握的人之一。在接下来出乎意料且令人不快的遭遇中，她和斯特劳斯—卡恩之间的认可距离——就在世上的国际精英阶级和备受践踏的全球移民阶级之间——戏剧性且猛烈地瓦解了。几个小时过后，纽约市警局警员从法航班机上把斯特劳斯—卡恩揪出并予以逮捕，指控他涉嫌强暴。

如果旅馆房间的“色情化”是父权世界现已令人厌烦、常规的精心之作，那么旅馆提供给客人的空间便是了解性、旅馆及现代自我之事实的关键。故事中的这项观点——有关这一性自为和自毁故事的空间特征——不但令人着迷，也持续困扰着那些报道此一事件的人。尽管整个故事已发展成经典，但事件发生时的真实场景依然诡谲得令人难以捉摸，也让读者们难以想象。事实上，至今仍然错综迷离，2011年7月8日《纽约时报》上有篇文章《2806号房内发生了什么事》(*What Happened in Room 2806*)为现场的视觉化提供了些许帮助，试图“破解”这起案件。该篇文章首先在报纸上显著地刊出旅馆28楼的平面图，然后要读者遵循侦探办案手法，跟着约翰·埃利冈(John Eligon)所提出的、对于当晚事件的三个推论思索——这三个推论可以说是以现代版的马普尔小姐(Miss Marple)或赫尔克里·波洛(Hercule Poirot)的风格呈现的，作者直接将隐藏于旅馆蓝图中的证据、28楼的公共空间和犯罪现场的房间作为关联并抽丝剥茧。[12]

随着旅馆内部平面图在我们面前摊开，我们或会突然察觉事情可能是如何发展的——旅馆为其房客提供的私密层次，如何会在某人前往另一处的路途上一下子便被蹿越了，以及旅馆房间如何立即转变为造成实质伤害的性的自为活动的危险实验室。房卡的刷卡记录显示出女服务生以多快的速度在楼层移动，她的工作步调急促且一成不变，而她是否曾进入并清理了一间邻房的问题，顿时成了决定罪名成立与否的重要依据。她进行打扫的时间范围是早上快接近中午以及中午时。大部分旅客都不在房间的时段，这时平常看不见的房务员就会像无声的机器人般出现，清理房间并铺平床单。而就在28楼中央有一处服务生休息厅，这些通常不见踪影的房务员会在这里存放物品，堆放干净的毛巾，并储放香皂和洗发精。

这些视觉辅助或可协助我们拼凑事件场景，却无法回答为何旅馆本身仍然如此难以捉摸，且在这出现代心理剧中如此醒目地来回摆荡。旅馆生活究竟有何本事成为一个制造丑闻并足以摧毁国际顶尖专业人士的舞台？尽管关于事件的撰文及报道已多到令人嫌累，却都没问到这些问题，但这些问题却都直接切中事件本身震慑全球观众的迷魂阵的正中心。

事实上，旅馆在如此叫座、经久不衰的媒体戏剧中，不断以替身及最佳配角的身份出现，显示旅馆——其中充满了私人空间、公共场所，以及创造动态混合空间之交错的私密层次——在现代文化所造就的性的自为和自毁中，具有不可动摇的重要性。这起宣称国际货币基金组织总裁强暴女清洁工的案件是如此夸张、如此隐讳，简直就像任何一集《法律与秩序》（*Law & Order*）的剧情般，只不过发生在旅馆；更具体地说，是旅馆中某些经常擦身而过的简易或固定的陈设空间——工作人员与客人的肢体简单随意地频繁穿梭其中的那些空间，如玄关后方以及浴室和卧房之间。

◎家庭生活

旅馆房间的私领域并非专供男人发泄性的所在，即便所有媒体报道均证明此一事实，但旅馆房间提供的特种隐私能力，也确实成为女性旅人及住客在获取性知识、重生及"愈合"形式的过程中进行多元而丰富实验的惯习场，有时可用以抵抗、其他时候又可强化她们想要改造的处境。

我们可从20世纪60年代兴起的性革命，以及库尔特·多诺万（Curt Donovan）1965年出版的小说《旅馆寡妇》（*Hotel*

Widow）中来追踪这段历史。作为此书标题“旅馆寡妇”的书中人物克拉里斯（Clarise），令卷入她生活中的大都市高阶主管、商人及仆役都想一亲芳泽的对象。正如该书俗艳的封面所暗示的，当她从毫无爱情的婚姻中解脱后，她便是那种开始穿着两件式泳装的女人，对着镜子搔首弄姿，打算逗弄身着铁灰色西装、手上托着鸡尾酒的年长男人。她除了是个无知荡妇和性解放的新女性，也代表一种邪恶的想象：一个控制欲和性欲都极其强烈的女人，狡黠地游走于男性之间，这些不断换手的恋人全是她的禁脔。“她以女巫的力量驱策男性生命”，书中对假定都是男性的读者群以低俗的文字诱惑地写道，“而她是一个有着蓝色双眸的美貌女巫”。[13]

《旅馆寡妇》沉醉于最低级的物化女性形式，不过它也对男性流浪癖和女性专注家务这种泛滥且陈腐的故事做出纠正。在该书的正式简介中，暗示女人在旅馆中被迫成为一种被动臣服于男性欲望和性自为下的角色。话虽如此，这个故事以及旅馆房间里那种私密如何开启女性的性实验，却着实引人深思。

举个不久前的例子，丽莎·蔡伊德纳（Lisa Zeidner）1999年的小说《中转停留》（*Layover*，电影名《中转停留》），书中主角克莱尔·纽博尔德（Claire Newbold），可谓一个不折不扣的现代版埃丽卡·容（Erica Jong）。克莱尔·纽博尔德面临丈夫出轨，又痛失唯一的孩子的困境，终于从她再也无法忍受的房子和家庭中挣脱，她四处出差工作，期间投宿旅馆，因而在全美国各地尝试了一连串令人叫绝的旅馆幽会。她带着报复心展开一段段“短暂停留”的韵事，但也从中得到救赎。这些经历同时是出于一个受伤心灵的行为，逐渐治愈了克莱尔的痛处。“逃离悲剧，满怀感激并谦卑地进出”，如今她却得悄悄潜入她曾花钱入住的旅馆房间，开始摆脱那些“外在”事物，以免妨碍她所相信应该继续留存她体验到的“核心自我”——在她的丈夫不忠及儿子过世之后，“感到脆弱的自我”且带有“初生的感觉”。

《纽约时报》的书评人表示，仅就表面上看，克莱尔游历于美国各旅馆的旅程“就只是一场性之旅”。[14]在更深层次上，这是一个有关绝望困境中的自我的故事，一个承认“在某种意义上，我甚至连女人都不是了”的自我。这个急需性完整的自我在所有她密切了解的旅馆中启动一个电脑档案，里面都是些关于如何破解旅馆防火墙和密码存取设备的资讯——简单地说，有了这些资讯，她便能非法跃过那些当她身为付费住客时曾非常乐于遵循的私密层次，并秘密潜入旅馆为致力抵抗已令人难以忍受的社会力量而提供的最私密地带。性信念的跃升——看到儿子们与他们的父亲——渐渐让克莱尔再度渴望她的丈夫，以成全“想跟一般人一样，拥有那种与自己丈夫的性爱，只不过地点是在旅馆里”。[15]就这样，当克莱尔在私下闯入的旅馆房间发生不伦性爱，从变得空虚的生命中暂获解脱时，这些出轨行为最后却起了作用，让她以妻子身份重新回归曾经不忠的丈夫身边，让她作为一个想与丈夫、而非陌生人，在旅馆发生性行为的女人。

旅馆及其最私密的房间作为真实和虚拟亲密关系的推动者，为那些在旅途奔波同时寻求安慰、诱惑及隐蔽的人们，完成某种性的差事。有些人会去的妓院、另有些人选择的郊区慰安之家，顿时就都成了一种逃离父权体制以及男性中心结构的避难所。这让查理·辛的闹剧变得可行，也能促进女性越轨行动和女性性行为，就像克莱尔跳脱绝望进入情感空虚的房间，寻求可以让她的自我再次完整的性事。旅馆是种第三领域，它能消毒一个房间，又为另一个房间增添招摇风情，能为女性提供一个专属空间，但又鼓励男孩干些男孩们的事，在这栋充满想象的建筑、也是被建构出来的环境里，公共和私人世界都无法预期却又老生常谈般变得模糊。这样一来，它终能承诺让所有世界都活跃起来，但如此精炼而成的绿洲难免会造成间接伤害。

旅馆在女性的性实验和治疗中的角色并不局限于虚构的世界，它是新闻头版和真实报道的素材，其中包括像丹妮丝·理查兹等被抛弃的怨偶故事，占据了包括《美国周刊》(*US Weekly*)之类杂志的封面。2011年7月26日，标题为“丹妮丝·理查兹终于公开面对查理·辛的旅馆风波”的封面故事，以及她在2011年出版的自传《隔壁的真实女孩》(*The Real Girl Next Door*)，都是她沉寂许久后，在渴望做出自我声明的激励下，就她的立场所说的故事。[16]

丹妮丝将自己跟那段旅馆插曲划清界限，宣称她早在查理及其女伴进入旅馆最私密的场域之前便已离开他们。多年婚姻让丹妮丝十分清楚她这位前夫的潜在性暴力倾向，她明白如何引导旅馆公共及私人场域中的流动氛围，让自己避开火线。正因她与查理相处时的“家庭教育”让她训练有素，如今她完全晓得在旅馆房间里会发生些什么，也想告诉读者她这边的故事。如同《美国周刊》提醒读者的，就算丹妮丝极有可能是历年最糟的庞德女郎*，她仍为那些留在旅馆房门上“请勿打扰”标志后头的家庭成员开辟了一个新境界，来探索旅馆所创造的认知失调。当人们问她如何告诉女儿“父亲在旅馆里的行为”，以及她如何将这种父权制版本融合到她对女儿的家庭生活教育时，丹妮丝表示没有现成的语言可以把旅馆故事融入核心家庭成长教育的语言里，不过她正在发展一套这样的语言。

我们在前文已经看到，那种语言早就有了，只等着她从旅馆最私密的房间里找出来。丹妮丝毫不犹豫地提出一个自己的版本，那是一个相对来说中规中矩的旅馆房间，作为养儿育女的理想场所。

在广场饭店，她为自己和家人订了“艾洛伊丝套房”，也就是我们在第一章曾看到的，这个房间为来到广场饭店的读者和访客们，强而有力地描绘出一个同样住在这家饭店的年轻活泼女孩的生活。基本上丹妮丝并未怪罪旅馆，她选择就广场饭店内现有的各种人间事物、空间，以及道德权威来加以区别。在她套房里的一天内，是由控制和“家庭教育”主导的。她的房间美学完全迎合儿童，丹妮丝甚至睡在该套房附设的“家长房”里，显示她选择租用的空间网络不仅能让孩子玩得开心，也可促进适当的监督。她表明当她和查理·辛以及“某些朋友”吃饭时，是由保姆照顾她的孩子，以免读者误认为事发时她把孩子

---

* 编注：丹妮丝·理查兹曾于1999年主演《007之黑日危机》（*The World Is Not Enough*），成为众所周知的“庞德女郎”。

带在身边。一谈到在丹尼尔餐厅与查理·辛共进晚餐的女人是名“应召女郎”及“娼妓”、就像卡普莉·安德森那种女人，她便马上岔开了话题。她对那场晚餐的叙述很超然，就好像她是一位冷眼看着原始交配仪式的老派人类学家，而不是积极参与的观察者，她并不是那个故事的一部分。在查理·辛发生爆冲的事件中，她回到广场饭店大厅，艾洛伊丝套房里的氛围消弭了一切不快，家具是粉红色的、带有褶花边，充满少女气息，在那里能够实现“良好的”母性。丹妮丝的叙述与查理·辛的说辞显然针锋相对，却也不谋而合地揭露了旅馆的功能及被旅馆客人称为“临时的家”的私密空间。[17]

在报纸、小说、大众媒体和历史记录里出现的这种女性蜂拥至旅馆寻求性活动的表现，以另一种方式撞击出家庭一夫一妻制的旋涡，但也如同影集《好汉两个半》（*Two and A Half Men*）里的查理·哈珀（Charlie Harper）那般当仁不让。他们共同体现出旅馆私密空间对两性而言，姑且不论其性取向，都是性机会、性叙述，与编写性故事的场所。而丹妮丝退隐到旅馆房间的安全感中建构她自己的家庭，不仅只为逃脱查理·辛的狂暴，也是为联结此一建筑及其文化资源中的另类可能所做的努力，尝试在如此建筑所能够且经常闹出的“混乱”中，为家庭创造一个安全的避风港。丹妮丝在一间旅馆内创造了家庭的崇高地位，但是总难摆脱她身为性幻想对象和圈内人的八卦话题。但是，在她的自传和其他对白中，她会轻描淡写地提到、随即略过那类话题，然后向数百万观众强调她的母性、人性，以及她对隐私固执的渴望。2011年，她在推广新书的公关旅途中，收养了一个小孩，并将其取名为艾洛伊丝，此举强烈道出旅馆形塑家庭的威力，而方式往往出乎意料。[18]

事实证明，旅馆的这些可变性高、不断被重新利用的私密空间中，可能会发生许多事情，如婚外性行为、性交易、凭仗地位强奸，或色情消费等非法和秘密、亲密的事情；不过也有成果丰硕的事情，像是商务会议、文学沙龙、专业会议和政策制定等；抑或是危险的事情，诸如疯狂饮酒、自杀或谋杀；甚至有意料之外的、麻烦的、古怪的、愉悦的、值得担忧的以及令人惊叹的事情，比如一夜之间成就或摧毁职业生涯，以及承诺救赎及改过自新等。性在旅馆私密空间里的重大意义值得我们仔细思量，原因并非出于感官刺激——老话重提，因为性就是如此美好；反之，是因为这些感官刺激与期望正是旅馆公共事务成功之下的难堪证据，是在广为流传的旅馆神话中，可充当包括从浪漫出游到强暴女清洁工，绝佳又隐晦之舞台的明证。

如果故事的这一部分是普遍存在的现象，那很显然它未曾被充分报道、未曾被讲明且模糊不清。在现代自我的性心理旅程中，旅馆的角色大体而言表现得极为低调，就像它为客人产生色情环境的能力那般含蓄，不论是来自构建或发自想象。当然也存在例外，如查理·辛的狂放之夜，或是多米尼克·斯特劳斯—卡恩在索菲特饭店的丑闻，而当这类事件发生时，它们如灵媒般有力掌握所有不为人知的故事，释出惩罚和令人着迷的熊熊烈火。正因这些故事有料，让食髓知味的人们想一听再听，一时间读者们意犹未尽，想持续领悟现代豪华旅馆性爱故事另一面的全貌和细节里的暗示。这些故事有欠体面，它们的色泽及魅力来自旅馆走在性的界线上的秘密生财之道，更重要的是，它们唤醒了现代观众贪得无厌的胃口，因为它们说中了我们心里渴望的那种真实及想象的空间，让客人从日常生活中消失的那种空间。

旅馆所提供的，不单只是个当我们调皮捣蛋过头时给予包庇的机会，一种"这里发生的事绝不外传"的承诺；更重要的，旅馆提供一种独一无二的现代空间，是当客人入住时撞见并协助创建的一种不规则、不光明的成人游乐场。之后，旅馆会不时吐露一些耸人听闻的轰动故事，让我们知道"旅馆里出了什么事"，这全归因于旅馆和它所提供给我们的那种不断变化、反复无常的公共与私密空间混合。

时间

西巴登水疗旅馆中庭，拍摄于1903年。请注意哲学家杰里米·边沁（Jeremy Bentham）的“圆形监狱”（Panopticon）理论——位于监狱中间的中央塔，隐藏了狱方向外直接监视四周牢房的视野——在这里却相反，墙壁和房间面朝内，不是朝向管理单位，而是朝向共同的多用途中庭“公共”空间。

（图片来源：美国国会图书馆。）

第三章

开始

一名疲惫的年轻白人男子晚上拎着他的干洗衣物，在城市街道上被三个饶舌歌手公开嘲弄。他的衬衫衣领松开，双肩低垂，沮丧地站着不动，成了被连珠炮式嘲笑和谩骂的对象；但接着，他奇迹般地挺直身躯，肩膀向后一甩，扔下干洗衣物后，扯开嗓门以洪亮的韵律词对唱了起来。在他滔滔不绝的饶舌回应中，攻诘他的黑人们震惊不已地坐下来，仿佛亲眼看见了一种特异功能。“我敢说你们都在想，为什么我的押韵这么紧凑，”即便我们这位典型的白人投资银行家已从饶舌歌回复到正常的讲话节奏，但仍铿锵有力地说道，“我昨晚就住在快捷假日酒店（Holiday Inn Express）。”

这段插曲暗示着，现代化商务旅馆是一个如此强大的再生空间，能在白人身体中形成黑人歌手的天赋。在一个工资下降、失业率上升，以及工作环境日益恶劣、频频要挟劳工为家庭生活品质做更大牺牲以混口饭吃的年代，旅馆成了某种特殊的加油站。劳工应市场要求，更频繁地在不同客户、城市间疲于奔命，这时旅馆作为休息站与避风港，让焦虑的劳工从市场中暂时抽身得到喘息。市场倦怠的劳工行进于全球资本主义工作大道的同时，可在这个空间里找到慰藉、舒适和新的开始。这里提供给大家负担得起的惬意与舒适，能够修复疲惫的身体，给予人们一个休养与再生的内部空间。

快捷假日连锁酒店的广告营销主打“住得聪明”（Stay smart），这个口号旨在针对市场中精打细算的消费者，他们需要一个住宿的地方，想要一个可以照顾身体及心灵的空间，同时也渴望占点小便宜。在这里，物超所值或许是因素之一，然而整体上所强调的并非锱铢必较，而是给予在日常操劳中销蚀的心灵一种卓越的恢复，带给颓废、厌世者新的开始，重新出发，即便这个“新的开始”最终仍让倦怠的旅者继续在资本主义全球大军行进中充当一名“训练有素”的士兵。快捷假日酒店连锁相当成功的营销方案，是建立在其大方采用高针织数的紧致床单及知名品牌芳疗专用洗发精的明智决定，以珍视住客的愉快体验来取代老套的勤俭美德，并承诺不限次数的携出后补充——这个补充看似提供喘息，最终仍是消耗及扼杀现代自我的市场现象的一部分。

此案例所体现的，是旅馆作为治疗的供应者，将不断移动的旅者包裹在一个类似茧的空间里，然后向内挥手致意，保证催生出一种不下于耶稣再临及全新生命的孕育——重生并苏醒于该旅者真实而可信的自我中。我们在前面章节曾提到，旅馆以不同方式解析空间，促成了混合公、私领域的自我更迭，鼓励基本上为混合体的社会化模式，并创造改变自我性表象的私密层次，如同前一章所见。一旦我们注意到旅馆在充满诱惑中所扮演的治疗角色，特别留意水疗旅馆极易察觉而难以回避的隐晦疗法与复原方式，就会看到旅馆如何得以不只作为一种诱惑的门户、通往新自为模式的入口，也可作为一种门挡或中转站，怂恿迷失方向、焦虑不安和永无休止的旅人借此空间暂时远离全球资本压力并喘口气——在累积了数千英里飞行里程、排队租赁汽车和卫星定位自动语音导航之后所亟需的一段停歇。换句话说，当我们注意到水疗旅馆的历史、演进，及其在当代文明中持续的吸引力后，它便是现代自我移动中的管道和通路，使人在通往新生的路上流连忘返。对此新生的招摇承诺最终短暂而无常，却是其诱惑的一部分，也是为那些不得不替资本主义效力的自我所做的心理建设之关键特征。

水疗旅馆及其惯用的疗法，是营造一种幻想的惯习场，鼓励个人在复原及重新开始之际，留在那儿不动、停止前进，乍看之下这似乎抵触现代移动自我的使命。正如我们即将看到的，这种无比的吸引力让水疗旅馆在过去200年旅馆产业中的崇高性有增无减，对于那些周游世界寻找免于遭受贷款泡沫、负资产、丧失赎回权的恐惧、邻近超级基金适用地（superfund）*，或都市暴力等问题的人来说，这是一种增值性商品。在一个要求自我移动更甚以往且以既富创意又粗暴的方式侵犯劳工、四处奔波以保护濒危家园的世界，水疗旅馆为心灵匮乏的自我提供精神支柱，它提供的正是让人感到复原的机会，使人得以一时之间脱离烦忧，生命因而展现短暂的焕然一新。

水疗旅馆全然许诺为那些生活节奏太快、看起来即将油

---

* 译注：超级基金适用地（superfund），美国政府出资成立“超级基金”，以净化那些受有害物质严重污染的地区。

尽灯枯的人，也就是身心年龄看起来老于实际年龄，到了前景萧瑟之际、亟欲找回失去的青春与希望的人，提供时钟往回拨的机会。这种复原的许诺难免带有世俗色彩，抱持世俗眼光看待，旅馆顿时有望成为一种青春之泉，对那些因现代性压迫而未老先衰的人们在维持青春之使命空前强烈时，提供赋予生机的特质。总而言之，旅馆一面导致，又一面允诺解决全球资本下厌倦差旅的劳工脸上再明显不过的岁月摧残。

我们该如何将旅馆视为治疗空间，或视为充满修补、恢复等赋予生机特质的身体与心灵复原的场所？反过来说，我们如何把前往作为水疗中心的旅馆视为旅人的权利？当然，治疗场所没有明显界线。乍看之下，旅馆完全是一个功能性机构，一种供旅途中和远离家乡的陌生躯体使用的卫生仓库，或是作为不打算在别处草率建立常设性场所的团体的临时聚会空间。然而回顾过往，只消想想朝圣路途中的避难所和教堂，或是在商旅路线上提供遮蔽酷暑并供应必要生存物资的绿洲，就能明白此类空间和身心复原之象征，其两者长久以来的联结。我们在宗教圣地旁不难见到旅馆、寄宿公寓或某种临时小站，它们将作为替代临居的重要选择。实际上，经过很长一段时间，避难所和宗教交流场所彼此渐渐接近、融合，并且相互强化。就这样，一方面来说，驱使全球资本鞭策世界劳工移动的要求日益高涨，使他们更频繁地穿梭于全球，以寻求客户、买家和新生意；另一方面，救援、服务和资助机构在经济上愈加难以维持，像医院、精神病院乃至监狱等机构。也难怪过去200年来，旅馆的治疗功能变得更加明显且更具吸引力，而旅馆的疗效和时光回转特质看来也具有赋予新生的能力。

旅馆能够成为具备恢复生机特性的强大场所，取决于它与医疗介入及手术矫正场所的连通性，诸如医院的生命赋予机构之间的联结。尽管特蕾莎·布朗（Theresa Brown）恰如其分地评述“医院不是旅馆”，然而医院越来越关注病人的消费满意度、视病人如消费者，仍是不争的事实。相较于旅馆主要在消除疼痛、减轻或缓和忧伤以及追求短期住宿的效益，医院提供了具有临床意义和长期性质的矫正手术治疗，也使得病人越来越像客人。布朗观察后发现两者之间出奇地难以评估比较。[1]

事实上，在过去一个世纪中，“医院—旅馆”（hospital-hotel）这种混合型机构的兴起让人轻易看出两者彼此重叠的功能。医院式旅馆因适应旺盛需求而迅速涌现，不仅满足想要就近照顾的病人家属，也加快了从客人到病人、从病人到客人的流动性转变。早在1926年，《时代》便观察到“医院式旅馆”的文化重要性：当时有人在曼哈顿投入400万美元，兴建一栋位于纽约上东城（Upper East Side）、尔后被称为“医师医院”（Doctor's Hospital）的“医院和旅馆建筑”。该作者表示，此一消息在报纸专栏作家间引起热烈讨论，他们发现自己“忍不住”“想象一个倒霉无比的受害者从他的卧室被打发到省事的急诊病房的画面”。[2]有关这座混合式建筑的新闻引发相当多“饶富兴味的题材”，然而20世纪20年代医院无法充分提供头等病房及治疗措施，却是众所周知的事实。举例来讲，曼哈顿的医院当中只有19%的床位设于单人病房内，可是对这种私人照护及私人房间的需求却远超于此。在如此氛围下，旅馆填补了特别以富人为主的需求，而普罗大众则相当清楚旅馆不遗余力扮演的角色。《纽约电报》（*New York Telegram*）头条标题《新的医院将如同豪华旅馆般经营》（1929年4月25日）只不过一语道破数十年来众所周知的一个事实——那些除了医疗手术以外，还要寻求治疗、救助和贴身照护的人，得求助于医院式旅馆，而非医院。[3]

水疗中心跟医院一样，是另一种给予人们身体复原希望的机构，然而它的这种许诺密切联结到与旅馆之间的伙伴关系。诚如医院式旅馆的出现乃有感于此一需求所做出的回应，水疗旅馆也同样是因为越来越多的个人向往能够被赋予生机、提供温和治疗，才应运而生的。在19世纪至20世纪期间，随着全球旅行日趋频繁，以及世界各大企业集团为从消费市场牟利的竞争急剧白热化，这时水疗成为旅馆本身的固有功能，营造独具一格的目的地。我们很容易就能在这个大事年表上标示出关键时刻：19世纪中期发展出具备温泉和自流泉等花样的私人度假村，开放给迅速崛起的中产阶级，并吸引游客深入美国刚安顿不久、远不像城市那般危险的核心地带。地理位置偏僻的水疗旅馆在历史背景的某一端占有一席之地，明确标示文化领域出现了水疗旅馆，为19世纪工业化过程中市场上工作过度的劳工提供慰藉。在此历史序列的另一端是20世纪晚期兴起的“工作—旅馆—水疗综合设施”，精明地设置在都市白领的工作空间附近，着眼于提供给一时精疲力竭的企业界人士一个迅速即时从全球资本压力中暂时解脱的方式。

经过了一个多世纪，水疗旅馆的这两种更迭形态早已分道扬镳，然而它们共同描绘出人类所需要的以及在水疗中心有望得到的救助、复原，及重新开始的轮廓与肌理，而恰在此时，面临全球资本的兴起，它们更显示出人们对此需求急迫性的持续升高。总之，它们表明旅馆有能力，也的确对客人做出了一项关键承诺，就是让人对旅馆怀抱着“重新开始并逆转岁月无情的痕迹”这种既模糊又难以抗拒的希望。

◎起源

从印第安纳州著名的弗伦奇利克旅馆（French Lick Hotel）中，我们可以看到水疗旅馆在美国的起源及发迹：1845年开张时，它是一家极其前卫的水疗中心。到19世纪末，该旅馆开始标榜具有贵族气息的景色、精致的手工拼贴马赛克地板、当地瓶装的矿泉水，以及附近的火车站。20世纪初，弗伦奇利克旅馆和印第安纳波利斯（Indianapolis）市长托马斯·塔格特（Thomas Taggert）的政治野心相结合，使这里成了拥有多个高尔夫球场以及地方名流与国家精英荟萃的休憩场所，同时也是民主党的第二个家。

在弗伦奇利克旅馆的名声达到巅峰时，它让人康复的精神特质始终如一地源于那赋予生机的矿泉。这家旅馆以身为番茄汁的“诞生地”而声名远播，番茄汁提供了均衡饮食的“健康”元素。旅馆内的餐厅则以甜点闻名，因为甜点是由清一色的非裔美国服务生顶在头上送出来的，同时还会放送《圣者进行曲》（*When the Saints Go Marching In*）的悠扬乐声。而其自然修复能力的关键部分，在于每时每刻都能享受到来自仆役阶级的接待与乐趣，从协助将行李送进房的门房与服务生到澡堂的侍从，以及放在银托盘上送来的焦糖冰淇淋、马斯卡彭乳酪和椰子奶黄派，大伙儿流露的欣喜与笑声充分印证了他们内心的幸福知足。有名女士在一张1906年的明信片背面如此写给她的知己："黑兹尔（Hazel），我散步、喝水、沐浴，就只做这些事。"然而当这位女士，以及其他所有访客，在周遭人群形成的人际网中一起做着这些事，共同身处于充斥着弗伦奇利克场所内的乐观气氛中时，对于康复也同样别具意义——这其中包括快乐的黑人服务生、大厅里考究的金箔装饰和番茄汁。[4]

弗伦奇利克旅馆的生命期限与该地区赋予生机、恢复青春的矿泉之独特性相依相存。一旦那些矿泉的治疗功能可以被带着走的话，比如矿泉水、泥浴和热石按摩可以在任何地方提供，在自家附近进行修复与再造就变得更容易，不必千里迢迢跑到遥远的弗伦奇利克。当旅馆型水疗中心展开扩张，设立的地点更靠近精疲力竭的劳工的工作场所，许多19世纪的大型水疗中心便开始关门大吉，它们以超然的地理位置作为复健基本要素的许诺遭到严重打击。到了20世纪中期，弗伦奇利克旅馆附近另一间类似的旅馆——西巴登水疗旅馆（West Baden Springs Hotel）的一部分已经转型成为耶稣会神学院，满足了某项社会功能中地理位置离群索居实属必要的条件。到了20世纪晚期，它的部分建筑结构已出现崩塌，因此政府将它指定为一座受到保护的古迹，并展开修复工程。

如今，弗伦奇利克旅馆和西巴登水疗旅馆在外观上恢复了部分当年风光，之后，两者合并成同一个度假村。客人可从一份琳琅满目的选单中选择特定疗法，从而组合出可望令人容光焕发的套餐。但尽管“布鲁托矿泉”（Pluto Mineral Spring）的“治疗水”在当地仍然颇具特色，真正吸引人的却是2006年开幕的大型赌场。这座重新规划的设施成了富人们不断尽情展示他们“过剩”资本的地方，而口袋不深的人在此则有机会奇迹般地填满皮夹后离去。

正当弗伦奇利克这般具有代表性的19世纪水疗旅馆演化成其他形式的大众娱乐场所时，新的水疗旅馆建筑已从达拉斯、芝加哥和纽约等市中心冒出来，特别主打能够为企业精英提供即时（即便牺牲午餐时间）的解脱。达拉斯的新月广场堪称这种奢华混合式都市空间的绝佳典范，宣称自己是达拉斯商业区的“核心部分”，拥有三栋将近20层的办公大楼，且毗邻一座豪华旅馆和水疗中心。这座水疗中心就跟新月广场都会体验中的商业和旅馆部分同样宽敞豪华，占地达22 000平方英尺，提供77种疗程与服务，明确地把客群设定在新月广场生活及工作的企业精英，以及来访的空闲家人；其目的不仅要强化客人的“精神敏锐度”，还要增进他们的健康、体能，以及年轻外表。[5]从新月广场的设计中，我们可以看到在20世纪的都市规划人员及地产开发商之间，广泛而深入地接受以水疗中心作为市场上的绿洲与恢复场所的现状。

旅馆型水疗中心（hotel-as-spa）这种新颖、现今已普及且民族化的功能，同时在两个方面令我们深感不安。一方面，对商务旅客而言，他们出人意表地对细腻奢华照单全收，并且完全接受精英水疗旅馆作为恢复元气的临时惯习场。这些稀有的空间，以前曾顾及大众对它们暗自奢侈浪费的观感——但或许那只是羞于公开表达对于阶级特权的认可罢了，如今，它们狂热地拥护其独享性，光明正大地称自己为“水疗中心”和“度假村”。[6]另一方面，在一个薪资停滞不前以及其他多数人都在信用扩张的时代，存在着一股迫使奢华本身大众化的驱动力，并至少让精英水疗中心的某些感官力道逐渐衰落。这股风潮的最佳范例就是快捷假日酒店，但也在像是万豪旗下万怡酒店这类较为精致的“利基”旅馆的创造过程中受到采纳，并出现在例如喜达屋（Starwood）集团的大型旅馆的连锁的国际化扩张中。即使是在经济低迷时期，中等旅馆还是决心模仿专为巨富保留尊荣等级的做法。

话说回来，这两个不同的诉求均指向一个共同起源。就如同回应福柯那样，当我们说旅馆好像诊所时，并无夸大之意，因为这些空间现在已赋予自己修补和复原的技术。从制服人员的轻声细语到下午的掀床服务，每个细节都精准传达一种美妙的平静和令人安心的阶级位置。但是借由强调内在修复取决于对身体需求的科学式专注，并在定义这些需求时相对重视治疗语言，那么旅馆作为水疗中心的精神特质就更直接地对应到诊所功能了。躯体带着病痛进入，诊断后进行各项疗程，清理干净也变得芳香，在柔软温暖的地方好好睡眠，接着，康复了，再度回到残酷的世界。隔日开始感受到改造的作用，这般效果，快捷假日酒店的客人似乎也能感同身受，那里有芳疗专用洗发精、“Sleep Number”牌床组、按摩莲蓬头，水准直追精英旅馆的临床功能，近乎休斯敦人旅馆（Houstonian）的住房感受。无论这些临床技巧是否内建于旅馆建筑，或是由专业员工体现，全都出自于对受伤躯体无微不至的照料，以及维护的文化关怀所形成的构想。

但是旅馆也呼应了古老的幻想语言中，福柯所定义的现代临床注视"诞生"的受害者。这里施行的治疗概念比技术性修复更深刻，以按摩精油和专业的个人服务员为特色。而旅馆的临床表现仍然相当体贴、不失亲切，那是一种主动、无所不包的行为，并非通过单一媒介表达，而且洋溢于整场体验过程中。旅馆生活恢复健康的本质可在大厅潺潺泉水的悦耳声里听见，可从柔软的床单里感受，可在浴室中如小山般仔细折好的白毛巾里看见，也可从服务生提供的浴袍、拖鞋的使用感受里体会到，并从放在枕头上的精致巧克力中品尝到。从广场饭店到假日酒店，在旅馆里度过的每分每秒，都是对"公路战士"的慰藉，疗愈远离家乡的旅人绷裂的双脚与疲惫的双肩，为的就是让他们好整以暇地迎接被迫替全球资本服务的另一天。但说真的，相较于福柯笔下18世纪治疗师彭莫（Pomme），"通过让她洗澡来治疗歇斯底里症并痊愈"以及见证歇斯底里症随着排尿而消失[7]，和有着清净空气的现代三温暖比起来，两者没什么太大不同。

旅馆型水疗中心的幻想之所以能够延续，就是医院未能解决或成功处理现代生活中最寻常及恼人的身体症状的注定后果。在一个削减医疗优惠、部分负担遭拒，医院对许多人而言不再是可行的治疗惯习场的年代，水疗旅馆猛然取而代之。只需要支付住院一晚所需费用的一小部分，水疗旅馆的客人就可暂时享受有疗效的流水、恢复活力的精油，以及临床治疗师及旅馆工作人员温柔的呵护。根据2012年的调查，美国人花在医院的每日人均消费超过1700美元，这让大多数人除非万不得已，不然根本不去医院，即使拥有医疗保险的人也同样如此，于是人们转而寻找替代品，走向水疗旅馆。[8]旅馆富藏医学知识及唯心论者的幻想，一如诊所与神庙的综合体，存在古老又新颖的特质。

机构利益最重要的对象是“客人”，是一具自愿进入的躯体在此签署了一项旨在重设生命时钟，以便踩着稳定的时间步伐迈向死亡的私人服务。简章、广告和网站上信誓旦旦又不失亲切的词汇述说成为旅馆“客人”的种种好处。进入一个巨大而周到的结构内部，被引领至依偎其中的一个备受尊崇的实体，于主动及被动间，购买及被赋予客人的身份。旅馆型水疗中心的最核心概念就是客人：他或她会被要求接受旅馆的临床详查、揭露秘密伤口，即便当他或她请求，假设为凭空想象提供真正具有实质意义的治疗时，旅馆也会比照办理。水疗旅馆的客人为了让时光倒流而努力，就这样回到了生命的初始，有时他会像襁褓中的婴儿般受到束缚，像个宠坏的孩子般被纵容，被安置于一个几近胚胎期子宫的环境里。

◎未来

要论当代旅馆型水疗中心最能让客人心甘情愿到访的，

莫过于峡谷牧场（Canyon Ranch）。它的说法类似之前的弗伦奇利克旅馆，宣称自己不只是“一个地方”，而是“一种心态和一种生活方式”；另外，奥斯丁湖水疗度假村（Lake Austin Resort and Spa），体现出“奢华的世界级水疗中心”，以及“与莫逆之交共处湖滨小屋的温暖”，使其成为北美排名第一的水疗中心。即使存在像新月广场那种都市设施混合体，起源于弗伦奇利克这般具有阶级意识前身的当代水疗旅馆仍旧蓬勃发展，同时推向男女顾客，但主要迎合不受朝九晚五工作日限制的女性客群，给予她们高度性别化的旅馆以作为再造之地。

我们之前曾探讨到性与旅馆，所发生的有关性活力及性尝试的故事往往以男性旅行者为目标，而女性旅行者相对较少。然而，依照奥斯丁湖水疗度假村标准所规划的水疗旅馆，则提供给时间充裕、身怀脂肪与金钱可燃烧的女性为主的顾客一个类似的诱人机会来恢复青春，脱胎换骨成为轻盈、迷人、让人无法抗拒且更具青春活力的自我版本，并消除生孩子或上年纪后、甚或两者兼有所带来的皱纹和脂肪蜂窝组织。在此一独到的再造愿景里，水疗旅馆许诺客人将能够在生活中“放轻松并找到更佳的平衡”，以及“对逃离日常生活的感受回味无穷”。

水疗旅馆的核心任务是让人们有能力“通过健身、营养、压力管理及身心一体化，来享受更健康、更持久、更愉快的生活”。[9]水疗旅馆在临床应用领域占有不少席次，一方面，峡谷牧场为客人提供健康和康复中心，内设睡眠呼吸中止诊所、驻场足科医师、公会认证的医生，以及有执照的治疗技师和脊椎按摩师；另一方面，客人可以在与女性友人约会、聊着八卦的同时，享受美容、手足指护理、美甲彩绘，以及“护肤”疗程。不论各水疗旅馆所配备的医疗设备、手术器械及后勤保障的相对水准如何，水疗旅馆提供的诊所、美容沙龙和聚会场所的复合型设施，都能确保客人“放松并找到更佳的生活平衡——对逃离日常生活的感受回味无穷”。

事实上，这种旅馆表现突出的一大要素就是“戴着天鹅绒手套看诊”的感觉，势必获得往来不断的厌世顾客喜爱。依循19世纪亚历桑纳与阿第伦达克山脉（Adirondack）一带盛行的疗养院传统，这些当代水疗度假村容许客人自己当家做主。他们可在此复制一个加强版的“宾至如归”，要比千里之外的家多出了新鲜空气、有趣活动、现代再生技术及身体力行。搬进这类水疗旅馆的方式与住到典型旅馆有所不同，住客会更加重视和习惯于使用厨房、浴室这类居家区域。这里有典型的“厨房”，人们可在厨房跟着大师学烹饪；给住客提供用餐的居家式大餐厅也几乎全部参照家庭的构造设计，共用区的冰箱里有自助式饮料和点心，一旁摆上可坐六到八人的圆桌，用来鼓励住客在用餐时相互交流、结识朋友。客人来去自如，可随意走到厨房、客厅和餐厅，前往水疗馆或健康及康复中心，他们在这些空间活动就如同家人在家里走动一般。

在这里，客人入住的私人旅馆房间并非重点，这里更在乎大家共享的再生与净化空间。如此灵活的私密层次确保这些空间为社群带来“宾至如归”的感受，通过多数现代家庭做不到的方式让人感到安全、放心，稳定且持久，即便中上阶层住客及业主也同样受用。不再苦恼于房价下跌还得偿付房贷、一拖再拖的房屋修缮和家庭冲突，水疗旅馆提供的共同空间里私密层次运作顺畅，不会让人因为身着破损的21世纪家居服而忐忑不安。

住客们在共享空间里穿着毛巾浴袍走来走去，随兴地与陌生人交流，手上往往拿着一个让自己随时补充水分的水瓶，水瓶是每个人在登记入住时领到的，贴有私人标签，外观还让人奇妙地联想到婴儿奶瓶。简单地讲，水疗旅馆可谓21世纪休息治疗的代名词，在这里，瑜伽球体操是健康美学的一部分，旁边还有蜜蜡除毛服务、体重管理课程，以及少许"健康"食品供客人随意取用。峡谷牧场和奥斯丁湖这类的水疗旅馆，设有以分量充足且不挨饿为理念基础的减肥营，定时供应客人比砖块还硬的迷你松饼；当他们参加像"与你的宠物沟通""串珠"或"塔罗牌原型和轮回"等课程时，身边会堆满松饼，可能还会吃到心怀愧疚。水疗旅馆创造的居家空间比现实中所能打造的更加理想，大家不会因为轮到谁负责遛狗、倒垃圾、晚餐后洗碗而吵架。如此看来，一方面，他们创造了一个彻底摒除皮下注射、吊点滴的吃人价位，及医院内致命尘埃的治疗空间；另一方面，他们改善了许多旅人想拼命保有、却又住得相当惶惑的居家空间。也难怪水疗旅馆赋予生机的魅力，如今不论在哪里都令人向往。

在水疗旅馆，时间和空间以不同的方式运作，主要在于推翻商务旅客习以为常的五天工作日及周末制度。这些水疗旅馆推出四晚到十晚的套餐方案，以及拒绝少于三晚的订房预约政策，坚认提供的治疗改造胜过传统的劳动规律——意思是进行必要性复原劳动的时间要压过且最终取代传统工作场所的劳动时间，而其本身就构成一种与众不同的工作。水疗劳动是一种混合劳动，混合了工作及娱乐，让人们处于诱惑与放空交错的节奏中。这种精英水疗体验提供的各式各样的活动具有一种治疗功能，使得劳动与休闲、努力与歇息天衣无缝地融合，难以区分。的确，如此这般的混合是水疗体验的关键特征。

假如它的风格乃是暂停、休息和无所事事，那么各式各样的运动仍旧是水疗养生旅馆（spa-retreat-hotel）再生疗法的核心。为了寻找一种貌如和煦朝阳的瑜伽体位以劳其筋骨地修行，跟经验丰富的私人生涯导师一起进行“生活目标”策略讨论，并让身体在按摩床、禅室、涂满全身的泥浆和吊床里强行静滞，就这样，人们带着躯壳进入水疗旅馆排除有毒物质，从根本上减少他们（以体重的形式）占用的实体空间，再从根本上拓展他们可运用的心灵空间（形式以“我”为中心的讨论会和教练课程），修复过劳之后累积的伤害以及为了力争上游造成的长期耗损，并为注定在无常就业市场上成为伤员的人们找回“内在和谐”。

简而言之，运动就是水疗养生旅馆的承诺与苦行。它有各种形式，并在严苛和持久的连续性上运作。在某些水疗旅馆的诉求中，所谓的侵入性，不过就是配有瑜伽球和各种有氧运动器材的豪华健身房。而在此业界的另一端，则有类似奥斯丁湖水疗度假村和峡谷牧场的水疗中心，它们从客人办理入住时开始，便例行提供每日运动时程表，项目从划独木舟、健行、慢跑，再到各种特定情境的小组练习，像湖畔柔术（jujutsu）

和密宗呼吸，由当地社团出身的专家讲授。在客人递出信用卡时，他们会再三保证，这样的运动时程表使人不致放纵，而是更加投入严格的自我改善养生法中，而这些养生法甚至会让本杰明·富兰克林（Benjamin Franklin）和乔纳森·爱德华兹（Jonathan Edwards）印象深刻。确实，会场上提供给客人许多激励口号，像“改变或不改变”（To Change or Not to Change）和“巅峰表现”（Peak Performance），很容易让人联想到富兰克林体制时，通过严格的自我批判和工作清单所充分展现的改革承诺。

在水疗旅馆的健康军火库中，休息乃运动的邪恶双胞胎及分身，具有同等重要性及隐约令人担忧的分量。休息以有组织且经过精心策划的方式进行，范围从例如冥想与“只‘在’”以及“不要屏住呼吸”课程的正式休息活动，到按摩、脸部护理和芳香疗程等。在这里，“休息”不是怠惰、拖延或懒散，而是有意契合并控制一个人的身体，其终极目标是做到改善。就连睡眠这种传统的休息行为，都在水疗旅馆的职司之内，它不仅注重床单的针织数、枕头密度和床垫的材质，更进行睡眠课程、教导和监督，确保客人以等同于体格锻炼时的完善力及严苛度来休息。因此运动与休息间进行着一场微妙的舞蹈，在住客停留期间相依共存，淌流于彼此之中，然而它们共同加持生成的混合物却大过各自累积的总和。经过一种在自我改善和自我放纵之间的连续移动——也就是在休息和活动之间，在此度过四到十天的光阴，外加砸下数千美元的客人，建立了典型的水疗诱导、生命转型的健康，这便是独特的水疗中心终极商品。

客人摄取的以及消耗的能量，在这个有净化作用的水疗旅馆体验，以及其让客人对身体复原和感官激励抱持希望的允诺中，扮演至关紧要的角色。所以，嗅觉、讲话、咀嚼和食物品尝是水疗度假住宿的焦点。饮食研讨会和烹饪课程是高级水疗度假村的共同特色，定期聚焦于让客人对不同菜肴、烹饪实作，以及增加美味且降低健康风险的策略增长知识。水疗池的水量充沛，并添加橙皮或黄瓜片，让保湿（在健康生活中日益重要的组成部分）成为更加深入感官的体验。然而下刀的深度远非烹饪与饮食指导所能及——食物就是勾引男人的迷媚女子、撩人的欲望和难以捉摸的对象。在此它是性的象征，保证吸引目光、受到热烈拥护，且值得品尝，此外必须以创意手法料理，就像任何精美、极度渴望、狐媚和短暂的贪欲。

也就如同性，水疗旅馆的食物充满混合的讯息。举例来说，迷你松饼配奶油作为上午的甜点，在严格的限制内，暗示着放纵；另外还有“毫无罪恶感”的起司蛋糕，加强了传统上过度性别化所导致的罪恶与进食间根深蒂固的联结。假如说，“人如其食”这个词成立，那么吃得不同就是自我转变，这也是水疗旅馆承诺办到的事。水疗旅馆中，由得奖厨师拟订菜单，也会在每道菜肴选项旁列出所含的卡路里、脂肪克数和碳水化合物，并且不时在其烹饪哲学中宣布拒绝反式脂肪和人工添加物。考虑如此周到的饮食实践对健康的贡献极大，却丝毫未曾牺牲感官享受。水疗旅馆保证，经专家之手，大家可以吃到迄今为止对中西部牛肉老饕或德墨辣酱玉米饼馅粉丝来说尚不熟悉的异国感官情调。菜单上所推荐的想当然是健康的项目，因此被当作“选择”来供应，如此表述则代表你还能如愿地自由饮食，若换成一般私家厨房可是有限的选择。

食物在日常养生法中占有的显著地位，加上水疗度假村想象力丰富的设施，令客人们总是胃口大开，即便其宗旨是要疏导并抑制这些食欲——而这也是水疗度假村最具魅力的假设之一，但客人有着无法控制且需要管理的欲望。挑剔的老饕在水疗度假村可是没有一席之地的，但即便是这样的客人，在经过重新包装成为一个有鉴别力的食客后，也同样是水疗度假村最珍贵的产物与校友。至于那些本就只爱萝卜不爱饼干，或是喜欢沙拉和鲑鱼而非炸起司牛排的人，就不是水疗中心的目标客群，毕竟向已经受洗的人传道并非水疗中心喜欢的工作。那么，管理欲望并将之升华为一种个人复原的感觉，就是水疗中心特别的弦外之音——激发出迄今味觉上尚未知晓的欲望，同时策略性地升华其余人，这种诉求，正是所有放纵程度不一的来客进入水疗中心的理由。

在水疗中心的创意性建筑结构和所建立的环境中，水资源具有更核心而复杂的地位。当然，就算那些最乏味、功利的水疗旅馆，也会利用一种字面上和比喻上的某种羊膜囊般富含水分的滋养环境、象征绿洲的想法，把游泳池视为焦点及其招牌和标志性特色之一。举例来说，快捷假日酒店在广告中将其高科技游泳池标榜为其水疗中心的核心。这种以水为主的概念，源自水疗中心早期自然衍生、并持续映对到的温泉，其中充满富含矿物质的水，也对照到在英格兰的巴斯（Bath）这样深具历史意义的地点“取水”（taking of the waters）。但这种对旅馆泉水的普遍赞赏远不如梳妆台上供新住客取用，或是为那些旅馆附设水疗中心或健身房来客准备的简单一瓶水来得明显。每一瓶水都提供一个摄取与吸收天然泉水魔力的机会。

顶级水疗度假村似乎迅速扩展于美国的沙漠地带，在这里，水违反直觉地在水疗中心的再生构想中大放异彩。举例来说，其户外热水浴缸和形形色色的水疗方式营造出诸如新墨西哥州圣塔菲“万波”（Ten Thousand Waves）这类顶级水疗中心的舞台场景。这座水疗中心位于多山的沙漠中，别说一万道波浪，就连一道波浪也根本不可能出现，然而这座水疗养生中心如实提供了大量有助于恢复健康的户外浴缸，周围布满鼠尾草、灌木雪松和白杨，按小时、日数或夜间方式计费，提供夫妻、个人或团体租用。户外浴缸都是独立设置，里面搭配大批辅助设施，如瀑布、桑拿和冷水池等，自成一体地构成一个私人水疗中心。此外，还有像是盐浴和草药全身敷这些可加强水中浸润效果的水疗服务，让客人在沙漠温泉的身心畅快中进一步恢复精力。当然，让身体从这类指标性的水疗中获得“回到平衡”效果的治疗费用可不便宜，而且这不只是就个人的钱包而言，对地球来说也同样如此，因为就在访客们前来寻求重新调适的同时，也正在消耗极为重要且极为有限的资源。奥斯丁湖水疗度假村所在的湖泊也成为水疗中心消耗天然资源的受害者，像是为度假村客人提供的湖上快艇度假之旅，以及将水资源从长期枯竭又抽取过度的爱德华兹含水层（Edwards Aquifer）中抽出，以补充水疗中心著名的奥林匹克级大游泳池和另外两个辅助游泳池的用水。

就像医院里护士们随时待命以监督病人成功康复，此地也驻有一组名副其实的健康管理专家团队，随时准备辅导并促进客户恢复活力。客户关怀人员会在客人入住时迎接，紧接着脸部护理师、按摩技师、健康及冥想专家、运动教练和烹饪顾问轮番上场，为新客人量身制订最适切的定期恢复养生法。水疗客人和专家之间维持着一种身体及情感上亲密而微妙的关系。大多数情况下，客人须在治疗前裸露部分身体或全裸，他们通常躺在能够进行按摩、脸部美容或其他服务类型的床上，在与治疗师的交谈中不时夹杂着双方亲密的肢体讯息。水疗专家跟住家附近的家庭医师或发型设计师不同，他们注定会是永远的陌生人，这种匿名特性建构于水疗旅馆的治疗体验里。在这般情境中，客人时而拘谨、时而开放地揭露他们隐含的，或身体的一部分，那是在其他条件和环境中隐藏起来不让人发现的。浴泥敷在身上、磨砂膏在脸上抹开，或是按摩油揉匀在疼痛的关节上，在这过程中发生的交谈经常是断断续续且无关紧要的、舒缓而不唐突的，就像治疗室中播放的新世代音乐一样。伴随着雅尼（Yanni）或恩雅（Enya）的曼妙歌声，客人和临床师达成了一种不言明的口头协议，如此则加强了属于复原过程的一部分、无关痛痒的亲密及不带私人情感的肢体互动。

◎结果

时间慢慢酝酿的大幅度改善无法成为交易的基础条件，

这是因为治疗方法的长期效益是无法衡量的。旅馆型水疗中心总是提供恢复和新的开始，尽最大可能让身体收到立竿见影的效果。的确，在承诺永久性地改变节奏，或让人恢复年轻活力并重新设定生理时钟时，即便不寻常仍能提供一个永久性疗法。在几乎已被遗忘的电影《热浴盆时光机》（*Hot Tub Time Machine*）里，三位中年主角回到科迪亚克谷滑雪度假村（Kodiak Valley Ski Resort）的旅社小屋，他们此行的主要目的是天真地希望回味年轻时的感觉。但是当他们无意间触动了套房里热水浴缸的时间漩涡时，竟然真的有机会重建自我。结果每个人都不计后果，逮住机会这样做了：其中一人谈了恋爱——是真爱，我们可以在电影最后一幕中确定；另一个人希望出名，他登上了舞台并成为一名音乐家；而这个神奇的现实主义故事里的最后一位主角，则是利用他具备的20世纪后期的知识，成为世界上最富有、最有影响力的大亨。所有这一切，我们都希望能通过破旧的热水浴缸实现，一种旅馆型水疗中心疗愈能力的极致象征，也反映出在这些机构的治疗空间中真正从根本上自我塑造的机会。

入住水疗旅馆便是希望得到更新、更好的生活，这种希望根植于对更年轻、想必也更健康的身体、心灵和精神的企求中。即便它定在最高价位并将自己伪装成一种罕见且得之不易的商品，也总比医院退步的健康服务更易取得，也较负担得起。我们假设在任何共同空间住上一晚可以全面康复、修补并恢复我们的自我肉体（corporeal self），并且像福柯所说的那样抵挡“死亡现实”，但这种能提供永久修复的空间并不存在。我们希望这类空间的治疗者具备医疗及科学素质，但我们同样真诚地希望能得到那种在医院已几近绝迹的殷勤呵护与充分舒适。在水疗旅馆里，我们发现自己的愿望在一个现代机构里实现，它为了提供无尽的再生和复原而对我们的身体施以纪律与小小折磨，并驳斥精神病院、拘留中心、医院或监狱等现代机构的严峻现实。

我们遐想一个能让大家变得更好的机构，使我们在工作、社交和爱情生活，以及身体、精神、情感和心灵生活中都做到"个人最棒"。专注于对抗老化的自我——事实上，正促使水疗旅馆为永葆青春自我这一愿景服务——深植于水疗旅馆的结构和肌理当中，且在这个能无限自我恢复的幻想中，我们发现旅馆有最具诱惑力的承诺。

如同下一章将要了解的，故事才刚说到一半。旅馆除了通过水疗旅馆明确承诺的新开始来抵挡"死亡现实"之外，同时也是一个以其独有方式促进死亡并前往终点的机构。下一章将详细叙述，旅馆给予入住的人们一个全方位、横跨从生命恢复到死亡整个范畴的机会——从满怀希望的开始到悲痛或懊悔的结局。跟医院一样，这是生命徘徊于安危难料间的地方，人们在这里或生，或死，也可能只是过夜而已。当我们前往旅馆并注意到它那属于暂存的特征，留意它如何让人们沿着生命循环移动，我们会见识到它让登记入住的人们产生新希望，或引发绝望的深刻能力。可以想见，对厌世的旅人来说，赌注可能确实相当高昂。旅馆可以提供生命或死亡的体验，以及两者之间的一切。

1851年的电影《十四小时》（*Fourteen Hours*）剧照。本电影由亨利·哈撒韦（Henry Hathaway）执导，改编自约翰·威廉·沃德（John William Warde）真实生活中的严峻考验。

沃德年仅26岁，在哥谭旅馆（Gotham Hotel）17楼窗台自我折磨一段时间之后便自杀了。乔尔·塞尔（Joel Sayre）于1949年4月16日的《纽约客》（*New Yorker*）杂志中以“窗台上的男人”一词形容沃德，这是旅馆长久以来作为这种戏剧性结局场所的特色范例。

（图片来源：作者收藏。）

第四章 结局

如果旅馆在生命范畴的某一端，给入住的人提供一段哪怕短暂却浓郁的愈合与康复的叙事，那么，旅馆深深联结着死亡也同样吸引那些谋求在旅馆内找到最终出路，提前告别绝望、失败、慢性疾病和抑郁的人。在旅馆中可能发生的种种死法，显然类型多变、扣人心弦，有时更因其赋予生机的特性而令人玩味。由于各式各样自杀及他杀的机会，旅馆毫无疑问地成为一个加快生理时钟转速、不让事情顺其自然的地方。旅馆里的死亡如此寻常，有时让人觉得像是一出戏，夸张地说，就像是现代公民最终屈服于现代性带来的沉重压力，终于拒绝再踏出一步。

尽管住客们一致地付出高价，时而可歌可泣地光顾那些因迎合现代公民追求永久活力、朝气与青春的强烈意志而存在的水疗旅馆，试图借此扭转时光，偷回关键的一两年，然而另一方面，当人们在生命这场艰难的游戏中被正式宣告出局，并决定该是正式退场的时间了，这时，他们也会被吸引来到旅馆。就好像旅馆看似具有赋予青春特质的形式来为现代性的千斤重担提供暂时抗阻，然而它也为那些无意继续玩人生这场无聊游戏的人们，提供永恒的安息。登记入住以寻求最终结局的人的退场方式，显示那些已不在乎写下自己剧本的人的深沉疲惫与绝望。从客房阳台或电梯井坠落，可谓异常惊悚，如电影特效般恐怖，却又令人格外熟悉。莫名其妙地死于睡眠中可谓相当神秘，有可能是谋杀，且会立刻成为臆测与阴谋论的话题。一场火灾，沿着楼梯向上蹿烧或烧穿墙壁向外喷出火舌，栩栩如生地复刻了电影《火烧摩天楼》（*The Towering Inferno*）的画面。每一起死亡，都有着不折不扣的戏剧效果，可能就此便在该机构的结构上烙下永久印痕。

话说回来，这种离奇情节的假设都是出自旅馆自身，且都是集体性自负的产物，其实每个客人的生命与死亡，都可讲出一个故事。我们已被暗示，不论作为终点或新的起点，旅馆都是个好选择。我们晓得，在旅馆人造而失真的精神特质环绕中，最起码，尸体会被发现，死尸会被移走，警方会来处理，而其他客人则成为出殡的目击者，见证一场离世——如果长话短说的话。

然而，除了担保死后的躯体受到关注，无论是意外或有意为之，旅馆也创造出种种看来更倾向发生不当死亡的社会情境。旅馆消毒走廊并洁净生活空间，不遗余力地打扫、抹除客人的每一丝痕迹。再从大厅到电梯到客房，一再重复地装饰和美化，渐渐削弱了任何空间真正独具一格、真正带来的“家”的感觉，铲除了情感上的联结。工作人员只看到我们身为“客人”的角色，无视于我们的基本人性，因而他们训练有素的殷勤与不断的恭维透露出一种虚假、矫情的氛围。如此一来，就算旅馆极为努力地表现关怀与注意，似乎也只是根本上的虚伪。这样的缺乏真诚，甚至能让那些尚未处于边缘、身患绝症或时运不济的人感到疏离。而对已经处于上述状况的人而言，旅馆具有致命的吸引力，如同烈焰引来飞蛾那般，濒临崩溃或站在险恶悬崖边、正在自我保护和自我毁灭间犹豫的客人，将把旅馆视为带有敌意的惯习场。

对阴暗中的人来说，不论是突发或早有此意，旅馆便是用来死去的场所。以一位年迈超级巨星的悲剧为例，当时正准备参加格莱美奖颁奖典礼的她，已经历了从光芒滑向黑暗的漫长陨落，处于谷底。她随着大批同侪名流抵达洛杉矶，住进了比佛利希尔顿酒店的一个房间。虽然她已事先做过典礼活动中某场演出的排练，但此刻她喉咙痛，人也累了。而她需要品牌赞助商的财务资助，因为她已破产，或近乎破产，即将面临再次失去一切的困境。此外，她的身体比平常更显老态，因为数十年来她都是靠药物撑着。她派助理去内曼·马库斯百货（Neiman Marcus）买几样当晚宴会要用的物品，然后决定洗个澡。几小时前她才吃过阿普唑仑片（Xanax），外加一些处方感冒药与肌肉松弛剂，但她似乎还嫌这种鸡尾酒式的疗法不够。事后，验尸官在装满水的浴缸里，确认她当时曾用汤匙加热强效可卡因（crack cocaine），并随手卷了纸卷来吸食。

威尔榭大厦总裁套房（Wilshire Tower Executive Suites）434号房——也就是惠特妮·休斯顿（Whitney Houston）死亡悲剧的舞台——位于刷成白色的世纪中期现代主义风格的比佛利希尔顿酒店内。如同其他许多旅馆，比佛利希尔顿酒店长期以来一直针对商务旅客的诉求，对那些想象名人会喜爱宽敞华丽空间的人来说，434号房看起来想必出奇的简单寻常，只是大众无缘目睹罢了。房内大约有560平方英尺的“宽敞舒适”空间，包括“特大号的床、独立的睡房及客厅或工作区以确保隐私”。有着将城市天际线美景一览无遗的大片落地窗，以及一般的生活用品，像是大型等离子电视、Bose音响系统、无线上网及有线以太网络、棉质睡袍和床单，以及造型枕头。房内的这些安排基本上并无特别之处，全都被当作标准配备，一丝不苟地复制在每间套房里，宛如好莱坞场景的完美翻版，个个都是通用版的好莱坞旅馆，在里面要不就搞砸一宗交易，要不就酝酿出一场浪漫幽会，或者，死了个前途无量的小明星。

话说惠特妮·休斯顿死在434号房后，就“被”加入了一座属于全球名人的怪异万神殿，一群苦恼的灵魂走到终点的租赁空间。约翰·贝鲁西（John Belushi）*死在马尔蒙庄园酒店（Chateau Marmont）的一间小屋中，他全裸地倒卧在白色床单上，被一名私人教练发现；身心俱疲的天才音乐人詹尼斯·乔普林（Janis Joplin）在制作新专辑时，因吸食过量海洛因而死在地标饭店（Landmark Hotel）的105号房内；安娜·妮可·史密斯（Anna Nicole Smith）**因为意外混服不当处方药品，死于塞米诺尔硬石酒店及赌场（Seminole Hard Rock Hotel and Casino）；南希·斯班根（Nancy Spungen），这位

* 译注：约翰·贝鲁西（John Belushi），美国喜剧演员。

** 译注：安娜·妮可·史密斯（Anna Nicole Smith），美国女演员，曾为《花花公子》女郎。

“性手枪”摇滚乐团吉他手席德·维瑟斯（Sid Vicious）的昔日女友，在却尔西旅馆的100号房内因一阵放纵狂乱的暴力而身亡；讲点更近的，在HBO热门影集中饰演托尼·瑟普拉诺（Tony Soprano）的詹姆斯·甘多菲尼（James Gandolfini），在罗马的波斯克罗艾克迪拉旅馆（Boscolo Exedra Hotel）的449号房中突然暴毙；而赢得迷寐悬疑之痛苦死之殊荣的，当属大卫·卡拉丁（David Carradine），在电影拍摄期间，他被人发现于曼谷的旅馆房间内以绳索全裸吊起，显然是在玩自缚性虐游戏时不小心成了意外窒息受害者。

成百上千的歌手及流行歌曲作者、鼓手和贝斯手、小明星与作家、娱乐界话题人物们可能因为借酒浇愁或是吞服药物，而导致最后的“意外”结局。[1]旅馆中名人滥用毒品致死或许早已见怪不怪，而这些血淋淋的事实也就此深植于现实记录中。

这些死亡事件让尸体变成老朽桥段中的一个角色，剧情里创意联结着自我毁灭。旅馆必然一成不变地做出陈述并加以公开。死在旅馆是件悲哀的事，总是孤零零地结束，远离朋友与家人，自然也没有医生和护士。它也是件会被发现的事，规律运作的客房服务和清洁人员、两旁紧邻的住客，都能保证遗体会迅速而戏剧性地被发现。他们的遗体被人发现时，正骇人地漂浮在浴缸里、缠绕于床罩中、平躺在地板上，由于这许多一度风光的人物死去的方式大同小异，因而在故事浮现前便存在事发征兆。从惠特妮·休斯顿死前一段日子的博客、推特，可看出她对于大限将至的担忧。她的死讯刚好在媒体记者为当晚的克莱夫·戴维斯（Clive Davis）派对开始集结时，传到了旅馆大厅。背景与时机的巧合确保了诸如“悲剧”的字眼及“巨大的损失”等观点足以迅速登上晚间新闻。当晚，警方快速展开调查，在几层楼下方登场的盛会，仓促间成了一场缅怀非凡生命的追思会。“表演一定要继续。”晚会的一位节目制作人如此坚持，反映出好莱坞了无新意的套路。[2]

创意天才出格的自我毁灭与死于非命的行事风格，说明了也点出了我们可能很容易忽略的事情——旅馆在这类不当、轻率的临终时刻扮演着承办者的重大角色，乃是抵达坟墓终点前的最后一站。

假如说，旅馆在生命频谱的一头为那些寻求新生与新开始的人提供比较温柔而有疗效的恢复缓解与修补，那么在生命频谱的这一头，旅馆从医院撒手不管的地方再度介入，提供仅需住院费用的一小部分便能得到的最低限度庇护与照顾，让它成为撙节支出的政府及健保供应者的一个具有吸引力的选择。近来，英国政府为了应付“病床霸占”（即过多不再需要医院全力照护的年老与末期病患占用病床的问题），开始寻求采用“斯堪的纳维亚医院旅馆模式”，也就是利用医院旁私人经营的病患旅馆，便于在有需要时顺利取得医疗协助。[3]光是在2013年，就有30 000名老年英国公民因老年痴呆症、身体衰弱或基本上无法自理而占用医院病床，使得英国政府每周需花费超过400万英镑。为了应对人数急剧增加的高龄人口和无法维持下去的照护模式，白厅（英国政府）进而将旅馆当作解决慢性疾病及死亡问题的经济对策，并开始和“旅客之家”（Travelodge）、万豪及希尔顿等连锁旅馆商讨相关细节。

旅馆在此更迭之中，和死亡的联结既明显又清晰——它是墓地的直接前导，注定作为通往太平间与墓地直达快车的倒数第二站。在这里，门房变成了冷漠的收割者，迎接惶恐的客人来到一个他们尽可能延后前往的世界。指名道姓的招呼就像死刑宣判与恐怖的返乡。旅馆作为那些毫无经济、家庭、社会或阶级资源的寻求者的相对经济也几乎是最后的休憩站，俨然是尚未死透之人的残忍的候宰栏，他们禁锢其中抱着租来的床单垂死挣扎。拥护英国政府跟“旅客之家”这类连锁旅馆合作发展医院旅馆体系的人宣称，这是一种以“给予适当尊严”，并且“符合现代消费者世界潮流”的方式来对待病人，而不是“改革”（Reform）智库副总裁尼克·塞登（Nick Seddon）所形容的，“一有地方就把人往里塞”的英国现行做法。[4]

话说回来，当旅馆如此明确地针对慢性病患与年老体衰者时，就算（或哪怕）是扛着消费至上的旗帜，旅馆床铺也几乎形同棺材，高针织数床单也掩盖不了这一事实。奥斯卡·王尔德（Oscar Wilde）*于1900年在巴黎旅馆（L'Hotel Paris）的16号房去世，据说他临终前曾如此说道：“我的壁纸和我正在与死亡奋战，我们其中一个必须离去。”贴切地总结了死亡和旅馆房间那种紧张又微妙的关系，不但见证了也无形中催化了两者最后的争斗。[5]

---

* 奥斯卡·王尔德（Oscar Wilde），爱尔兰诗人暨剧作家。

◎自杀

若死亡是旅馆生活中长存的元素，自杀则让旅馆与不当死亡的从属关系更加明显，朝着旅馆生活的死亡交易特点投注一道聚光灯。“旅馆、自杀、恶名昭彰”：当代场景所特有的，以及吸引《人物》(*People*)杂志读者目光的社会名流——这样的组合不是什么新鲜事，倒不如说已内建在旅馆的逻辑和基础上。在19世纪70年代，巴黎“自杀旅馆”不可思议地恶名远播，加上那里自杀事件频传，最后导致它被拆除。根据1877年12月“贵格会”(Quaker)出刊的《朋友报》(*The Friend*)的报道，压垮旅馆的最后一根稻草是旅馆的最后一任老板上吊自杀。距今超过100年以前，《纽约时报》曾把旅馆视为死亡交易的特许惯习场。1910年一篇探讨“自杀旅馆”的文章中评述，前往一间引人注目的旅馆只为了“在一间公共接待厅了结性命，多少会让人感到是种想在死后扬名立万的欲望”。[6]历史学家保罗·埃尔林·格罗斯(Paul Erling Groth)写道：“一名旅馆经理解释，在煤气灯和煤气暖炉成为标准配备之后，在旅馆房间里自杀变得越来越常见，用煤气自杀要比用枪或刮胡刀容易。”[7]

在过去一个世纪里，许多人持续地让旅馆成为他们最后的安息地——旅馆除了是个以泡泡浴和浪漫客房服务等方式供人暂时避开世间烦忧的地方，也是作为最后安息地的坟场，是为痛苦、磨难和难以承受之重担所准备的解决方案。以卡罗尔(Carole)为主人翁的费泽林(Fethering)悬疑小说系列之一《旅馆上吊事件》(*The Hanging in the Hotel*)中有个角色表示："或许旅馆房间的匿名性刚好正中那种状态下的人的脾胃"，然而"自杀是种再自私不过的举动"，毫不考虑"旅馆员工的反应"就"自顾自地挑个旅馆房间结束性命"。[8]近来大部分对于旅馆在自杀中所扮演角色的探讨，倾向于把焦点放在心理动力，这也是大批心理治疗师和自杀防治热线人员的工作项目。"为什么要在旅馆里自杀？"经过谷歌和雅虎软件胡闹式的翻译后，变成对那些需要别人插手、"自私"或"有病"的人的批评。这里的评论用词十分严厉，就是因为大家认为这个主题如此混乱、严肃、戏剧化。

谈到将旅馆当作自我杀戮的舞台，恐怕没有任何地方比勾勒出拉斯维加斯色彩的热门旅馆更加明显。拉斯维加斯被封为美国的"自杀首都"，拥有美国最高的旅客自杀率，这座城市的旅馆因并未采取积极措施防止客人自杀而饱受抨击。[9]根据一份最近的《克拉克郡法医报告》（*Clark County Corner's Report*）指出，每个月拉斯维加斯的旅馆都会发生多起自杀案件，对比之下，大西洋城（Atlantic City）的旅馆自杀案件数目只有其1/3，而迪士尼世界旅馆则一件也没有。拉斯维加斯的旅馆客人自杀率居高不下的原因，就如同拉斯维加斯家喻户晓的赌场旅馆提供的梦幻一般多样——财务损失导致绝望、想"再赌一把"但又受挫、赌桌上的情势急转直下、受到拉斯维加斯文化的匿名性感召，或被拉斯维加斯作为别管明天之地的名声吸引，发生在拉斯维加斯的事就留在拉斯维加斯。拉斯维加斯大道（the Strip）的旅馆自杀事件过于频繁，以至于拉斯维加斯自杀防治中心要求旅馆在房间内的电话旁加上自杀防治热线，却是徒劳无功。

拉斯维加斯旅馆自杀文化中最知名且令人难忘的，就是曾于1990年出版小说《离开拉斯维加斯》（*Leaving Las Vegas*）的约翰·奥布莱恩（John O'Brien），他在1994年得知小说确定改编成同名电影后随即自杀。小说故事里绝大部分情节设定在拉斯维加斯一间虚构的“全年旅馆”（Whole Year Inn）中，主角本（Ben）把旅馆的名字念成“你待的洞穴”（the hole you're in）。这部电影在拉斯维加斯开拍，由于预算不高，不得不在未清场的杂乱街道和多间不同旅馆取景，这些旅馆看起来既像又不像全年旅馆。从本的爱慕对象，也就是妓女莎拉（Sera）工作时出没的豪华旅馆套房，到本死在莎拉怀中时最后所待的寒酸旅馆房间，旅馆都扮演着极受瞩目的自我毁灭行为的专属地点与场合。自然地，旅馆也是本和莎拉离绝望与救赎希望最近的地方。

这部小说的电影版由奥斯卡金像奖得主迈克·菲吉斯（Mike Figgis）执导，尼古拉斯·凯奇（Nicolas Cage）和伊丽莎白·苏（Elizabeth Shue）分别饰演本和莎拉，全片视觉上将旅馆渲染成自我毁灭理所当然的背景，镜头煽情游移于旅馆招牌、大厅和走廊间，俨然暗示旅馆乃戏中反串与众角色合谋自导自演退场的准共犯。

莎拉一再要求本搬出全年旅馆，住到她的公寓里，反映出她深切了解旅馆导致且不时引发人们提早走向自我毁灭的本质。在一个旅馆房间里，莎拉见到她的皮条客尤里（Yuri）陷入大祸临头的妄想，疑神疑鬼地担心恶棍前来杀她，结果当她离开房间时，她看到持枪歹徒正前往同一个房间索命。当她的皮条客留在旅馆房间向死神屈服，莎拉则想拯救本免于沦入相同命运，因此她求他的一件事就是跟她在一起，不要“在旅馆房间里烂掉”。但即便莎拉试图把本从旅馆消磨意志的影响中抽离，她还是选择旅馆作为重新开始的地方——作为最好的、很可能也是唯一让她与本第一次可以做爱的地方。莎拉在城区外她最爱的旅馆与本共度了一个长周末，两人坐在泳池边喝酒，分享真正出于人性联结并油然而生的亲密关系。背景中衬映着沙漠艳阳汽车旅馆（Desert Sun Motel）闪烁的霓虹灯，他们的结合俨然带有某种悲剧的庄严，并且随着本酒醉闹事砸坏泳池边家具，接着被旅馆老板扫地出门，而显得更加悲壮。

从拉斯维加斯马戏团大饭店（Circus Circus）到银元（Silver Dollar）的耀眼色调，电影中反复利用旅馆的霓虹灯招牌作为背景和定格手法，证明了霓虹灯招牌在旅馆内、旅馆外，及环绕旅馆展开的自我毁灭在戏剧中的重要性。莎拉在赌场大道外一间无名旅馆被轮奸，而当她发现本和妓女在她的公寓里厮混，便轰他出去，于是本再度置身于一间肮脏的旅馆房间。本死在旅馆破旧的床单上，既是种失败，也是种欢庆，因为正如电影情节描述的，他终于和莎拉做爱，并感受被无条件接纳的满足。莎拉从爱人死去的床上起身离去，但不是前往另一间旅馆房间，而是躺到一位心理治疗师的沙发上——她想彻底康复，就得一个人永远离开旅馆；为了活着，她必须逃离旅馆的反乌托邦叙事。

或许《离开拉斯维加斯》捕捉到了人们倾向于自我毁灭及

死于非命的恶性循环本质，但当代旅馆自杀事件的报道早已时有所闻，因此这部电影中旅馆自杀的故事主轴其实并非独一无二，也并非少见，“海伍德事件”就是个例证。

2012年1月初的一个星期二的晚间，一名前电台节目主持人比尔·海伍德（Bill Heywood）和他结缡数十年的妻子苏珊（Susan）订了亚历桑纳州斯科茨代尔（Scottsdale）惠庭套房酒店（Homewood Suites）的房间。周三清晨，一名女房务员在房内发现他们的遗体，当地警方获报来到现场，不久后找到两把枪，宣布这是一起共同自杀案。几个小时后，随着媒体挤牙膏式地慢慢播出，并证实早已排练好的细节叙述，整个故事顿时充满感伤气氛。看来海伍德的事业已走下坡路，苏珊的健康也在迅速恶化。媒体透露，她已罹患癌症，且不久前的一次心脏病发作更让她失去部分活力。他们的友人证实海伍德和苏珊绝对无法承受没有彼此的生活，或许是苏珊的健康迅速恶化导致了这起不幸。而最悲惨的是，经济衰退严重冲击到他们的财务状况，为此故事平添了一丝严峻的现实主义色彩。有迹象显示，海伍德离开广播圈后，毅然投入了火热的房地产市场，但当泡沫破灭之后，他们位于亚历桑纳州巴尔的摩的华丽家园“华尔道夫亚斯托里亚度假村”（A Waldorf Astoria Resort）成了无法赎回的抵押品。所有这些细节都被如实告知，如预期中的线索般被揭晓，并在它们应有的位置被发现。

这个故事最令人惊讶之处，就是旅馆在事件过程中显得如此多余，却又如此核心。我们会说“多余”，是因为携枪自杀是不论在哪儿都能做的事；想携枪自杀，他大可走进餐厅的厕所里，或回到某间公寓，或坐在阳光下的公园长凳上，旅馆在此并非必要角色。除非，他的目的，除了自我了断之外，还包括将这场横死包裹在一个非常特殊的环境中——一个旅馆所独有的环境中。

对处于生命阴暗低潮的一对夫妻来说，惠庭套房酒店代表一种返回正常生活的企图。该酒店的促销广告如此写道："我们提供的住宿，让您无论小住几晚或长住于此，都能感觉离家很近。"在此案例中，"离家很近"意味着更接近他们昔日的豪华家园。换种隐喻的说法，房里得有崭新的大型电视、干净的毛巾和床单、一张大床、独立的卧房和迷你厨房，在某种程度上，保障了对失去的生活方式的怀旧抒发。

但是这里所关切的不仅只是最后几小时的慰藉，也在于确保事件过后，人们能抱持浪漫、同情的态度来理解或阅读他们的行为。身后之事必须交代，为此，海伍德在他们那简朴许多的基尔兰（Kierland）公寓中给家人留下了详尽遗言；接着，在度过了人生最后一晚的翌日清晨，海伍德和苏珊留在旅馆房门外——介于该机构公共与私人空间的交界——的另一张纸条被女房务员发现，他们让她知道两人已在这个租来的空间自杀，请她为即将在房内看到的画面做好心理准备。这种为旅馆员工着想而先行警告的善意姿态，也是一个能用来讲故事的开场白。也就是说，在套房内，你会发现一对命运多舛的恋人彼此相拥，结束悲剧的一生。

感应旅馆召唤而前来演出最后一场离世悲剧的自杀者，不仅通过生命中或许无缘实现的方式，清楚表达出他们渴望死得有意义，与此同时，也不禁让人联想旅馆同其他像监狱这种诱发绝望的现代机构的相似性。

事实上，监狱和旅馆都是绝望滋生之处，且经常成为人生终点站。美国州立监狱公布的狱中死亡原因里，自杀高居第二位，占比32.3%，仅次于疾病死亡的47.6%。相较之下，凶杀致死仅占了死亡人数的2.1%。媒体通常将囚犯描述为无法克制暴力行为而须严加约束，且他们并非绝望无助得需要自杀防治，这说法与前述不容争辩的狱中自杀率完全背道而驰。[10]何况当囚犯完全不甘于无望的处境——无法挽回的伤害、毁于一旦的生命、无缘实现的梦想、撕裂破碎的家庭——乃至将床单卷成绳索了结一切，也确实太过常见。他们在被迫当成家的牢房内因走投无路之下的最后反抗，映照出客人花钱入住旅馆客房后十足自主地演出自己人生的最后一场戏。实际上，旅馆看起来是监狱以外首屈一指的机构性自我杀戮场所，这让多位学者开始从社会学角度研究探讨自杀对旅馆员工造成的影响、员工在自杀事件发生前后所需的训练，以及或可预防自杀的变更设计。[11]

◎谋杀

尽管死亡在旅馆中相当常见，但并非总是自己所为，有时往往是蓄意违法的直接后果，导致旅馆成了包括凶手和遭杀害的死者在内，有计划预谋行凶的犯罪场地。犯罪现场拉起的封锁线即便很快就消失，也可算是旅馆长久以来的一项景观特征，而旅馆谋杀者则囊括从客人、工作人员到旅馆老板，不一而足。

举例来说：19世纪初期，南卡罗来纳州（South Carolina）查尔斯顿（Charleston）“六里旅人之家”（Six Mile Wayfarer House）的老板拉维妮娅·费希尔（Lavinia Fisher）喜欢给客人喝下有毒的茶，借以向他们表达她的迎宾之道。南北战争过后，堪萨斯州贫瘠的奥色治郡（Osage County），新开张了一家后来被称为“血腥班德尔家”（Bloody Benders）的旅店，旅馆老板接连杀害投宿的旅客，划开他们的喉咙，重击他们的头部，再把尸体埋在被发现之后将其命名为“半英亩地狱”（Hell's Half-Acre）的一块地里。旅馆如同谋杀场所般运作并非19世纪的专利。20世纪时，得克萨斯州（Texas）埃尔门多夫（Elmendorf）“社交旅店”（Sociable Inn）也有这样的故事，业主乔·鲍尔（Joe Ball）饲养了一群鳄鱼让游客欣赏，也顺便用来秘密处理他玩腻的女友们的尸体。就这样，连环谋杀与旅馆的联结持续着——或许较不招摇，更少了独家风格——在所谓“克雷格列表杀手”菲利普·马可夫（Phillip Markoff）的近期“作品”中，他把被害人先拐骗到新英格兰地区的多间旅馆，再加以攻击或杀害。

话说回来，最具戏剧色彩也最令人发指的旅馆谋杀案，或许是发生在1893年芝加哥举办的世界哥伦布纪念博览会（World's Columbian Exposition）的阴暗角落。这场博览会被作家理查德·哈丁·戴维斯（Richard Harding Davis）形容为是美国历史上自南北战争以来最伟大的活动[12]，而会场附近便是亨利·霍姆斯（Henry Holmes）专门为谋杀女性住客而设计建造的旅馆。霍姆斯拥有美国第一个已知的连环杀手这项恶名昭彰的头衔，他所杀害的女性人数至今仍然无从得知，被害者估计远超过100人。这座楼高三层、幅员长达一整个街区的旅馆，当地人称之为“城堡”，据称开业目的是容纳四面八方前来参观哥伦布纪念博览会的大量游客，然而这座由多位建筑师打造的旅馆，100间客房却散布在错综如迷宫般的走廊和秘密通道间，没有窗户也密不透声，成了霍姆斯恶毒计划付诸实现的理想场所。连载这个故事的《赫斯特报》（*Hearst Newspapers*）付了一大笔钱给监禁中的霍姆斯，以换取他的自白和一连串酷刑折磨并杀害数量惊人的年轻貌美女性的骇人细节。不久，城堡变成令民众毛骨悚然的谋杀案发现场，最后在1895年一场神秘大火后付之一炬。

但是这座旅馆谋杀现场仍充满吸引观众的能量，丝毫未因旅馆实体遭到焚毁而终止。过去一个世纪以来，人们不断写出各种书籍，包括小说及非小说，记录并描述这座城堡及其恶魔建筑师化身的旅馆老板。比如2003年埃里克·拉森（Erik Larson）的《白城恶魔》（*The Devil in the White City*）便是近年著名的创作，这本书曾登上《纽约时报》畅销排行榜第一名，之后更入围当年的美国国家图书奖决选。由于《白城恶魔》如此震撼读者，于是莱昂纳多·迪卡普里奥（Leonardo Di Caprio）在2010年取得该小说的电影制片权，还在片中亲自饰演主角霍姆斯医师。在拉森的字里行间，对霍姆斯那间建在离展场咫尺之遥、满是强酸桶、解剖台和火葬间的恐怖旅馆的描述丝丝入扣，骇人不已，令数百万名读者深深着迷。书名的灵感则来自霍姆斯医师在他1896年自白中所叙述的那样,“体内带着恶魔出世”,且“对于(他)身为杀人凶手之事实无能为力,就像诗人无法压抑吟诵的灵感一样”。[13]

但正是小说里对这名天生杀手盖来行凶的旅馆做出的惊人描述,才吸引了全世界读者的注意。霍姆斯为杀戮所造的建筑空间设计相当乖张,赤裸裸地对应到由美国顶尖建筑师所设计、名副其实的白色建筑群,强力象征美国进步的芝加哥世界博览会建筑,提醒着读者黑暗和野蛮的暗流无可避免地潜伏在国家对自由民主发展的庆贺之下。拉森不断利用这种建筑的二分法,提醒读者在博览会展场如此精心建构以展示人类进步的同时,也对照进霍姆斯的旅馆中,“建筑是死亡空间,就像房间里煤气灯照不到的角落”——部分原因是霍姆斯“并没有咨询过建筑师,至少没找过有才干的建筑师”,这座建筑“走道昏暗、布满太多的门”,而且“通道以怪异的角度转向”,当然还有更多邪恶的理由。[14]这座世界博览会旅馆是为了谋杀而打造的,是霍姆斯通过讲述旅馆犹如豪奢的芝加哥“帕尔默之家”(Chicago Palmer House)之类的浪漫故事来引诱被害人上门的屠宰场。帕尔默之家正是愚蠢的百万富翁波特·帕尔默(Potter Palmer)送给爱妻贝尔莎(Bertha)的结婚礼物。当然,旅馆的浪漫故事随即变成入住女性的梦魇。

拉森的书糅合史实与虚构,描写发生在旅馆的阴谋、惊悚与历史,编织出一个扣人心弦的故事,并特别为此加入了流行写作题材。诚如任何一位阿加莎·克里斯蒂(Agatha

Christie)*的读者所知，旅馆谋杀案可用来设计理想的侦探小说情节。电影和媒体中确实频繁出现如此布局，观察家们也几乎习以为常。“旅馆谋杀案”成为一种角色扮演、情节往往在旅馆内进行的实境戏剧游戏，其流行于大众间的程度，反映出人们对于亲身经历谋杀情节的跃跃欲试——当然，要保持安全距离。至于能否玩动人的间谍阴谋类游戏，比方说詹姆斯·邦德（James Bond）、杰森·伯恩（Jason Bourne），就得看旅馆的脸色，是否接受在其方圆之内发生“正义”的杀戮。旅馆所自我呈现的明亮天堂表象，不禁让人暧昧联想其中存在卑鄙的罪恶巢穴，使得谋杀既可能是种恶意破坏，也可能是经过认可的裁决，令人惊讶之余又完全可以预期。如此不祥的名声令人想起希区柯克（Hitchcock）《惊魂记》（*Psycho*）里的诺曼·贝茨（Norman Bates），也可能让人将旅馆同时想象为疲惫旅人的中途站和连环杀手理所当然的行动基地。

不过，“旅馆谋杀案”游戏中为那些跃跃欲试于一窥旅馆死亡事件的客人所提供的安全距离，有可能也真的会在瞬间崩塌，让客人出乎意料地直接面对恐怖而诡谲的黑暗现实。在英国埃塞克斯郡（Essex），客人付出200英镑参加一场晚间谋杀解谜活动，当他们抵达豪华的“唐氏厅乡间别墅旅馆”（Down Hall Country House Hotel）时，他们以为迎面而来的犯罪现场录影和警官是晚上杀人剧的第一幕。其中几名客人还赞赏着

---

* 编注：阿加莎·克里斯蒂（Agatha Christie），英国侦探小说作家，公认的“侦探小说女王”（Queen of Crime），对英国侦探小说的发展有很重要的影响和富争议的启发。

犯罪现场与“真实”谋杀现场几乎一模一样，甚至在接受警方讯问并被告知谋杀解谜之夜活动已经因两名客人在旅馆泳池内神秘死亡而取消后，他们仍继续认为自己正在见证一场进行中的表演。警方安排客人当晚住进南厅旅馆，之后客人们才发现他们正实地见证调查行动，警方并就旅馆豪华泳池底两名年轻客人之死，询问他们当天的行踪。[15]

旅馆与横死之间的关系格外亲密，有可能在旅馆住客、员工及访客的一眨眼间，让整个局面天翻地覆，使游戏变成可怕的现实，或将看似真实的事件变成一场闹剧。的确，一个人暂时无力区分“现实”与“表象”事件，即便是那些经验老到、最熟悉死亡可怕细节的人都不知所措，这是旅馆中的死亡特点。

举个例子，2010年12月初，匹兹堡（Pittsburgh）警察局的大批警员急忙赶往乔治·华盛顿旅馆（George Washington Hotel），不久前消防队员在那儿意外发现了被当地警察局长布莱斯（J. R. Blyth）所称的“在他35年执勤生涯中所见过的最血腥的谋杀场景”。犯罪实验室的技术人员和警探花了八个小时仔细筛检数千处喷溅的血迹、碎肉及头发。忙了老半天后，调查人员突然恍然大悟，他们面前的惊人景象其实只是电影布景，因为担心需要重拍才被留置原地。[16]当时在乔治·华盛顿旅馆内开拍的电影是《新魔鬼酒店》（*New Terminal Hotel*），这是一部直接发行光碟的复仇题材电影，叙述的是一名失意编剧为了研究何谓谋杀，便住到一间出名的“最后机会”（Last Chance）旅馆，借着杀掉进入他房间的访客来了解谋杀。乔治·华盛顿旅馆的血腥布景中，四处遍布的陈尸和肢解的尸块染红了整个房间，显示电影即将杀青。然而一旦见识过匹兹堡这间旅馆内以假乱真的血肉横飞场面，就不难想象下节文章所提、推门进入洛杉矶某家旅馆房间后将看到的情形。

旅馆也是个吸引凶手的地方，或看起来像是夺人性命的好场所——这个想法有点不太对劲，尤其是当我们在这儿记录了旅馆的其他一切之后，更何况还是接二连三地取人性命！旅馆的公开本质使得陌生人能够相遇，这种空间的匿名性及其屏蔽客人受到监视的能力，正好让某些人认为他们真的可能侥幸逃脱。如果说旅馆业拒绝统计其内部发生的谋杀案，则不仅是因为将这类事件公之于世会伤害其形象，也是因为旅馆那要命的本质——或许只能说，旅馆将自身打造为终点，而死亡，毫无疑问就是最后终点。

◎剖解

在阒黑的尽头，旅馆公然挑战我们对死亡施加的规则、对自杀和谋杀作出的区别，它提醒我们这些称呼最后全都无关紧要，我们溯及既往不断追加以“管理”并分类死亡的作为，全都无济于事也毫无条理。长久以来占据旅馆空间的大量尸体，他们纠结的四肢、尸身分泌物和令人作呕的气味渗透到旅馆最公共和私密的空间，象征着坚持这种失序，而尸体尚未道尽的暗语般的故事，往往阻挠调查人员对生命最后时刻的解密并“交代”事件缘由的心血。

有些旅馆已经成为这类特殊混乱叙事的经典象征，例如洛杉矶的塞西尔旅馆（Hotel Cecil）。自1927年开业起，塞西尔旅馆一直是许多谋杀、自杀、连环夺命和离奇死亡意外的发生地，因此享有“热衷于死亡者的指定场所”的谬誉。塞西尔旅馆的空气中似乎弥漫着死亡，特别是最近发生在2013年2月的一起死亡事件，一名加拿大游客难以理解地被发现死在旅馆的水槽中。如果这起神秘死亡事件为故事画下句点，也足以让塞西尔旅馆在旅馆死亡编年史中出类拔萃，然而其漫长历史中的自杀、难以理解的死亡、谋杀和看似自然因素导致的死亡，已经让塞西尔旅馆成为深具吸引力的“国际连环杀手之家”，譬如杰克·安特韦格（Jack Unterweger）便闻风而来。

这名奥地利籍谋杀凶手曾因用一名妓女的胸罩将之勒死而被判刑15年，并在监牢里展开了成功的写作生涯。假释之后他前往美国并投宿于塞西尔旅馆三周，在这段时间里洛杉矶有三名站街女郎被残忍杀害，全都是遭人用她们自己的胸罩勒毙。虽然安特韦格在美国未被起诉，但后来奥地利以他在洛杉矶犯下的谋杀、连同另外八起谋杀案成功将他定罪，他最后在监狱里上吊自杀。塞西尔旅馆曾经是多名连环杀手的巢穴，其中就有理查德·拉米雷兹（Richard Ramirez），他因凶残暴力的杀人手段而被称为“暗夜魔王”（Night Stalker），后来他在旅馆14楼的房间休息时遭到逮捕。[17]旅馆这种机构与死亡之间的关联，似乎在塞西尔旅馆中显得格外突出而混乱，塞西尔旅馆就像磁铁般吸引了多到离谱的容易出意外、有意寻死，或意图杀人的住客。

一具具残破得无法解释且无从修复的尸体，就跟他们最后几小时所待的旅馆一样，给那些负责从他们死亡的残酷现实中厘清真相的人带来叙述上的挑战，而且往往制造更多难题而非答案。我们可以从54岁的理查德·戴国安（Richard Descoings）的遗骸上见识到这样的挑战。

戴国安是举世闻名的巴黎政治学院（Institut d'Etudes Politiques de Paris）的院长。2011年4月，戴国安住进纽约市一流的米开朗基罗酒店（Michelangelo Hotel），其生前最后几个小时的行踪至今依然成谜，关于死亡的原因、动机以及自杀或他杀的裁定，持续困扰着犯罪现场的资深执法人员。戴国安是一名具有高度争议性的国家级重要人士，其诸多原因包括：对法国精英教育发起的改革、与当时的法国总统尼古拉·萨科齐（Nicolas Sarkozy）的友谊、对平权法案的观点，以及他性取向不明的性生活。戴国安因而成为众多恶意中伤的对象，在他死前两个月接受左翼《解放报》（*Liberation*）的某次访问时，在激烈对话中曾被问到是否担心有人会对自己不利。

在他当晚丧命前，戴国安浏览过同性恋交友网站，而他的笔记本电脑和手机事后被发现从房间窗户扔了出去，掉落在旅馆三楼延伸出来的平台上。虽然他的房间一片凌乱，但尸体没有外伤或挣扎的迹象，不过证据显示被害人死前，曾有不止一人和他一起在房内，有两人在他死前几天频繁进出房间。就连戴国安的死亡时间也令人困惑：当他没按行程出现在哥伦比亚大学时，旅馆员工曾前往他的房间确认，回报房内鼾声大作，接着听到他咕哝了一下又继续睡去，后来由于他迟迟没有退房，旅馆安全人员前去检查，才发现他赤裸地瘫在床上，死因和死亡时间完全不明。

据其友人表示，此前戴国安情绪低落，似乎有可能是自杀，然而他复杂的性生活——相传他为同性恋的报道，包括《世界报》(*Le Monde*)的“强行”揭露——让他的婚姻生活十分尴尬，或许这里存在私人内情。此外由于他掀起的政治风波，因而性命遭到威胁，使得出于意识形态动机的谋杀也同样可能存在。他的尸体是一道谜题，既没留下明确线索，也没能产生惠特妮·休斯顿或霍姆斯医师精心编撰的唯一叙述。自杀？谋杀？偶发事件？我们可能永远也不会知道当时发生了什么，然后，谜团成了剧情主轴。

当我们静候澄清、苦思细节时，米开朗基罗酒店内示意客人已处于安全舒适保护伞下的镶金带红装饰图腾，似乎一下子失灵了。但即便尸体被推出米开朗基罗酒店具有标志性的正门的照片传遍当代文化媒体头版及网页，旅馆也照常营业。尸体运离米开朗基罗酒店，而许诺新生命以及荒谬死亡不请自来的现实仍然魅力十足，使得现代旅馆与本章节主题的“死亡”宛若门房，目送离去者并耐心等候下一位客人到来。一切恢复原样。旅馆展开另一轮更迭，迎来新的一天，尽力守候某人的死亡，并确保另一人青春永驻。

等级

在上海半岛酒店（与香格里拉酒店同级）2014年的广告里，背景中可以欣赏到上海的都市轮廓，一名戴着白手套的亚裔服务生正在服务客人享用英式下午茶。

此情此景——是无数“半岛时刻”的写照之一，这支广告保证——暗示提供一个绝不亚于帝国辉煌岁月的世界，一个服务于全球精英阶层而构造的世界。

（图片来源：作者收藏。）

第五章

富有

如同前文所描述的，旅馆生活笼统涵盖了普天之下人生在世的整个生命周期——从开始到结束，以及从生至死，可谓无所不入、无所不及。然而旅馆的作用，并非仅将芸芸众生对应到一个大型生理节奏攸关生死的恒常脉动之下而已。我们已见识到，旅馆有能力、偶尔也确实会吸引住客们走向世俗人间非生即死的其中一边，它会怂恿办理入住的客人抗拒或加速奔向他们的人生大限。同样重要的是，旅馆在各种等级的空间及时间内，安置那些不断变化、移动中的人，而他们这种流动，远远超出抽象的旅馆建筑物范围或城市边界。在第三部分，我们就近审视旅馆生活，让众人晓得他们在这世上能够用到多大的，以及哪些种类的空间。简单地说，这部分将探讨旅馆生活的一种两面性，即其如何协助巩固精英特权的默契，而又同时认可让全球人民不分国籍、种族或宗教信仰，跨国性地集体受制于经济劣势的残酷现实。

第三部分“等级”会表明，旅馆在构建大型地缘政治的圈子里扮演重要角色，而这些圈子赋予全球资本主义样貌、意义与结构，及其与个人间的关系。换言之，旅馆依循社会经济特权来谨慎分配各式各样的空间使用权，且多半密切配合全球资本主义交易的种种梦幻与野心。讲白了，我们在这所谈的，不光只是旅馆如何以相对面积大小来区分阁楼套房与最经济房型的价位差异，或讨论公园大道上旅馆房产价格要比布朗区贵的原因，还要从根本上探究旅馆在广泛且通常跨国的构建空间上，以及在创造等级化的规模经济上，所发挥的功能。换句话说，在决定谁有权使用世上最佳地点，即谁被允许进入并使用世界最迷人的海岸线上某处海滨度假胜地的绝佳位置，以及谁不得不住在世上最不堪、最恶劣的空间时，旅馆都扮演了哪些角色。

我们在第一部分“空间”中曾探讨旅馆为走进大门者创造的各种灵活的私人与公共空间，也谈过如此多变空间所造就的个人探索与发展。而在第三部分“等级”中，我们着眼于空间的级别化，反思旅馆创造了什么样的多国或境外空间，以及旅馆生活建立并维系着何等差别待遇的分级使用权。在此范畴的一端，全球连锁正重新配置世界各地的空间，在全包式的逻辑下，客人不必再烦恼不同货币间的转换，他们因而能自由徜徉于精心规划的广袤领域，同时觉得自己受到保护、形成免疫力，并凌驾世间普遍不幸的弱势群体之上，尽管为时不长。而在此范畴的另一端，旅馆构建了水准仅勉强优于游民处境的临时收容所，把形同活棺材的三坪左右的囚室加以粉饰，让最弱势族群看了感到万幸，因此哪怕入住条件再严苛，仍是他们趋之若鹜的难得解脱。以此角度来看，旅馆分配给不同社会经济族群的空间种类、数量及形形色色的使用方式，远不只为了区分一种生活与另一种生活，更是为了创造突显人类价值的偶然事件，这些事件直接反映出人们如何流动于旅馆空间，无论他们是在豪华大厅的舒适沙发上消磨无聊时光，还是忙着打扫水疗馆门前的沙砾，也无论他们是理所当然地在富丽堂皇的丽思卡尔顿酒店（Ritz Carlton）安享无上尊荣，抑或是不畏驱赶排斥、鼓起勇气面对不修指甲、只想从自己地盘上的毒品交易或色情媒介中分一杯羹的邋遢旅馆经理。

我们会在第三部分“等级”中指出，旅馆魅力的一大要素，关联到旅馆能让客人暂时有机会重新构想自己在社会经济层级与意义架构中的定位，无论那是给客人提供（尽管只是暂时的）全球特权领域中诱人的主宰地位，还是让那些在全球资本体系下脆弱不堪的人在简陋的设施里获得最寒酸、最卑微的喘息。我们将会从后文看到，不论旅馆在全球资本主义支配的秩序中暂时具有主宰地位或边缘地位，在极欠公允、按照等级与特权来决定个人使用空间之充裕与奢华的帝国逻辑和殖民思维下，旅馆都扮演着实质性的角色。如此看来，旅馆并未调解贫富间、有产及无产间长存的鲜明差异，旅馆的想象结构与全球经济价值体系紧密相连，这种体系将个体区分开来并形成了社会阶层，而办理入住者对此心知肚明又渴望逾越。

◎帝国

将旅馆想象成游客周游世界时由临时栖身之地所组成的广大网络中的一个节点，是种迷人的想法。简单地讲，就是把旅馆想成旅游作家比科·伊耶（Pico Iyer）高调推崇的全球

“多元文化”之一环。[1]按此观点，在加勒比希尔顿酒店（Caribe Hilton）或是蓬塔卡纳度假酒店（Punta Cana）住上一晚，就好比到机场或购物商场一游，那是新旧世界、第一世界和第三世界的“大杂烩”，拥有一切现代便利设施和一大堆令人眼花缭乱的语言、味道及声音，是进入分级空间的门户，也是更加吸引人潮之处。群众来自四面八方，他们在此逗留一会儿，然后继续上路。伊耶认为，这些交错混杂的场所被设计成“精神上无家可归者”的舒适通道，对他们来说，移动和流通已经取代了休息和静谧，现代度假旅馆则更像是机场、购物商场或主题公园，而非过去的殖民前哨站及帝国边境。

然而如同历史学家克莉丝汀·斯科维奥（Christine Skwiot）所提醒的，度假旅馆要比其他转换点拥有更多与民族国家的帝国利益长期默契合作的傲人历史。度假旅馆的所作所为，让我们想起它彻头彻尾地充满了帝国元素；它的存在，反映了一段很长的历史，不可能如此轻易地被取代或抛弃。几个世纪以来，贵族和中产阶级偶尔会到气候温和的地带旅行，这向来是他们生活上的重要支柱。加勒比海微风和煦、空气中带着海水与甜味，还有棕榈叶的婆娑，这都是针对现代钢筋混凝土世界喧嚣纷扰的必要治疗与解药。当然，停留时间不宜太长，以免旅人受到某种“热带神经衰弱”（tropical neurasthenia）的影响，退化到一种不文明状态——这是富裕的白人躯体在南半球待太久后，出现的一种令人不安的医疗副作用。同样可以肯定的是，在热带地区，人们需要“当地土著”（棕色、黑色或黄色）的关照，才能完全恢复活力。斯科维奥告诉我们，从19世纪到20世纪，旅馆成为民族国家利益的一种体现，某些方面则象征着帝国，旅馆的这种角色具有非比寻常的连续性。[2]

我们在以下故事情节中，将说明现代旅馆的作用乃简化并规范帝国旅游经验，使得当地员工的性事与殷勤态度可以预料、可供利用，甚至相当实惠，进而让当地人民直接承担旅客占用空间的代价。我们甚至可从近期广告中清楚看出这种“旅馆即帝国”的特色，它或许取材自某种19世纪的东方题材景观，却被非常多的旅馆当成营销典范。其中之一，是一对白人男女亲密地靠着小憩，并对着他们面前阴郁的仆役露出仁慈的微笑；仆役单膝跪地，呈上装在笛形酒杯中的清凉香槟，白人男女正准备取用。这幕三人组的进行式发生在一块铺在雨林空地的黄麻编织地毯上，上面散落着精英分子的国外旅游配备，诸如野餐篮、狩猎装备、双筒望远镜，当然，一定还有熟门熟路的“当地通”。假如恣意横生的藤蔓暗示这群人仅短暂控制此一特定地点，那么这片空地之外，必定有着绵延数里的沙滩，还有曲折蜿蜒、缓缓流动的河川，两者遥相呼应帝国梦幻中予取予求的辽阔土地。广告词问道：“哪里是你的香格里拉？”将这对情侣明显的物质满足与约瑟夫·康拉德（Joseph Conrad）*式的主宰世界地图上白色空间的怀旧情结加以联系。精明一点的旅馆会从视觉效果中透露出此般讯息，而接下来出现的影像则印证这种帝王式叙述随手可得并广泛存在于酒店连锁、跨越洲际，更涉及地缘政治范

* 译注：约瑟夫·康拉德（Joseph Conrad），英国作家，著有《黑暗之心》（*Heart of Darkness*）。面对文化与人性的冲突，他的作品并没有提供答案，而是如同哲学家提供思索答案的过程。

畴。香槟瞬间变成了法式欧蕾咖啡，豪华客厅取代了雨林空地，旅馆窗外可见到动人的都市景致，暗示客人能轻易主宰一个广袤的国际化都市空间，且任凭其宰制。在这张特别调度的场景中，旅馆客人并未入镜，而是含蓄地存在，至于那位为他们服务的"当地"服务生所站的位置，则让他能为所有刚好看着半岛酒店这幅特别广告的潜在客户提供服务。

"香格里拉"的广告形象汲取自这种长期存在的幻想，而半岛连锁酒店也将这种幻想有效地运用于市场营销。两者同为历史巅峰时刻引人注目的浮光掠影，也反映了我们身处他方时偶尔对度假旅馆的所见所闻，以及那些有钱入住的人顿时取得的空间想象，这种想象空间远远超出旅馆有限的地理边界。我们想象那对上流社会的迷人情侣沿着旅馆的私人沙滩携手漫步；我们看到某个周末早晨，他们在房间里放松，身旁随意搁着卡布奇诺和报纸——或许他与她还能在落日余晖下，隔着各自的按摩床，手牵着手，分别享受着专人按摩。总之，当半岛酒店剪影中的现代奢华旅馆从文明中抽离，便为过劳的丁克族夫妻提供"脱身"的机会，远离遏制性欲的工作压力，让他们不仅在旅馆的棉缎床单上重新"找到彼此"，旅馆也邀请他们共同遨游于暂时享有的辽阔世界。

在这些想象里，度假旅馆是一夫一妻制的秘境，是传统蜜月旅行的一个持久而广泛的延伸；在这个过程中，男人与女人置身金碧辉煌处以享受服务，在充满异国情调、宏伟至极且更加开阔的背景下不断"缔结关系"。这种设想，让旅馆——大致上比较一般的旅馆——从商务旅客疲于奔命的辛劳中脱颖而出，成为具有再生力量的绿洲。换言之，就算那些急于拜访客户期望成交以达成季末目标，好在下一年度继续保有工作的旅客，让旅馆成为这些拼命出差的商务旅客使用过度及匆忙之间的休息站，旅馆还是可以凭借其地理扩展上的改版，以一种夸张的新殖民主义回应，并为其所导致的遏制欲望现象提供替代方案。

为富人和亟欲致富者打造的精英旅馆，则是一个灵活多变的叙事地点，让人们摆脱国内事务，来此寻求替代场所。不同于他们通常居住的公共和私人世界，这是一个真正令人耳目一新的地方，从而为他们提供重新看待世界的诱人机会。在此特定的更迭中，旅馆提供一种具有明显地域元素的重生幻想，明确地将新的开始、自我发现与陈腐的帝国探险及征服之隐喻连成一气。诚如艾德蒙多·奥戈尔曼（Edmundo O'Gorman）令人信服的说法，所谓“发现”，乃是至少可追溯至1492年及“发现”美国之帝国主义梦幻的强大环节。[3]没错，当奥戈尔曼中肯地指出，所谓美国仅是一种被发明而非被发现、被创造而非被找到的概念，自那时起，这种“发现”的概念便一直都是现代性历久弥坚的一大要素，即一项关键的试探，个体可从中为自身带来重生相机会的感知，也如同我们所阐述的，旅馆将这种现代思维习惯予以机构化并加以包装，使其可移植并扩展到世界各地的各种领域。

当旅馆发展成一个度假村，占据更多地界并将高度差异化的分级空间纳入旗下及体系时，旅馆生活“包装并促成客人自我发现的初始力量”的面向便被剧烈扩大与改变。一方面，如同我们所知的，旅馆型水疗中心提供给客人亲密的临床关系，其间充满对身体组织及心灵实施医疗修复的技术、维护人员。度假旅馆的日常交易，则和素来便与旅馆维持深厚且长久联系的诊所、精神病院、公社、医院及监狱等现代约束性机构有着更加非比寻常的关系。此外，现代度假旅馆更令人跌破眼镜地效法监狱的概念，将之提炼、修改后，沿着国家与城市边缘及外围，大张旗鼓兴建度假村综合设施，许诺里面的所有“囚犯”都享有“全包式”体验，人类的各方面需求和欲望在此都得到立法保障。在这里，人们对食物、酒精、运动、休闲、娱乐及社交消遣的需求和想望都被融入度假村的整体规划，并纳入旅馆的收费和组织结构里。客人在度假旅馆的柜台登记后，会在手腕戴上一个塑料识别标签，这赋予他们“能在旅馆随意走动”和其他一切涵盖在内的特权；于是，住客们活像医院病人般，身着病人长袍与腕带，穿梭于医院内部的诊疗秘境。新客人办理入住时，度假旅馆招待的热带饮品或热托蒂鸡尾酒，立即让人深深有感，且鲜活体悟在旅馆集体管理的伟大旗号下，暂时交出自主选择与行动自由的好处。

此外，假如这个绝无仅有、与世隔绝的度假村是以旅馆型水疗中心为主题的一种演绎，那么它便会堂而皇之地展现具有帝国元素的魅力。度假村在此等同于“庇护所”，联结了“修复”与“返璞归真”的概念，全然给住客提供强而有力的机会，以更崇高的等级居住在这世上，从而“重新归纳”他们个人对自己在世上地位的想象。这种度假村通常坐落于国家的边陲或是山脉、海洋等自然名胜周边，最为人乐道之处通常是人与大自然间的感性接触带，醒目地展现人定胜天的力量。这些度假村的生意经，无疑都是依循水疗中心的法则。

比方说，藏身于科罗拉多泉（Colorado Springs）山岳间的布罗德莫度假村（The Broadmoor），会劝客人来上一杯以纯正霞多丽葡萄酒（chardonnay）为基础原料并掺和了粗砂糖的“压惊酒”（wine down），然后接受专业的健康评估，而最令人神往的是将“印尼仪式”融入其服务流程中的“卢鲁儿”（Lu'Lur）——度假村声称：它是“数个世纪以来皇室专属”，“让你一整天感觉自己像个皇室成员”。加拿大亚伯达省（Alberta）的班夫温泉酒店（Banff Springs Hotel）被誉为具有欧陆风格的山间避暑胜地，拥有瀑布式疗养按摩池和一座欧式室内矿物浴池。多米尼加共和国的蓬塔卡纳天堂酒店（Paradisus Puntacana）里，YHI水疗中心为客人提供一份去角质、香薰和按摩的疗程选单，每天都有瑜伽课，加上周末的冥想课，除此之外，还能享受热带的温暖海水及和煦海风带来的治疗。这些地点大多都有为混浴和分浴设置的专区、情侣房，甚至还提供度假保姆。在以上的每个例子中，我们对于与世隔绝时的富足感，以及机构殷勤照料下营造的虚假贵族感同样关注。

度假村的人气与持久魅力之核心在于其幻想，以及为个人有限度地提供表面上君临天下的机会。无论是在紧邻庞大度假村的高山之巅、鲸鱼和海豚聚居的海洋水域，还是为十八洞高尔夫球场与自然步道而大量开辟的户外环境，度假村都是人类与自然相互作用下的产物，出于人类有能力在一个似乎无限广阔的世界里组织起来，满足自己对玩乐、休闲、探索，及发展无关职场之才能与技术的追求。如此看来，它是人类的终极作坊，提供看似永无止境的新机会，让我们重新想象自我与世界的关系——不下于一个用于缔造并完善现代自我的主要修炼场。度假村在此过程中，向外迈入了帝国领域，从而规模愈来愈大，领土也愈来愈多。

在如此环境中，度假村往往延展出一种理念，认为它替顾客悉心开展的宏伟领地是满足自我中最亲密、最私密的需求与念想的游乐场，都是自我中尚未被发现或久遭忽略的部分。那种通常位于从热带地区硬生生拧出来的地块上的旅馆，为常见的过劳者、无病呻吟的郊区家庭主妇，或苍白疲累的银行中层人员，提供阳光、性与沙砾的大杂烩。但若是在一个能与贴身调理个人身心的技师建立亲密临床关系的旅馆型水疗中心，则另当别论，这样的度假村一般会提供某种恢复性的皇家式再造，让那些受困或暂时耗尽于企业资本要求的人得以完全主导丰饶的阶级幻想。在海滩上晒日光浴、啜饮一杯总统鸡尾酒，在温暖、蔚蓝的加勒比海水中游泳，都可用来矫正文明过度、现代性过头，以及活动空间严重不足所导致的精神错乱。正如同身为森林之王的狮子遭到囚禁后拒绝交配，心态相仿的旅馆住客当下挣脱了桎梏，顿然发现可随心所欲地跟他人一同演出压抑已久的心灵大戏。不过这类场所也都受到一道防线保护——保持距离或实体隔离，以免太过接近底层阶级。

换言之，度假村的目的乃彰显阶级特权，让每位客人都能适切享有应得的疗愈性阳光与浪花，有机会在崎岖地形中展现权威，当一个完全为己享乐而建的领域之主宰。假如我们在第二章“私密”中所见的，广场饭店里偶然的幽会震撼被看作脱离一夫一妻制与世俗价值的短暂解放，那么它们不会在光天化日下公开上演，也不会像在度假村的性征服中那般肆无忌惮或专横。这不但是种类上的差异，也是等级上的不同。

因此，这类场所表露出一种等级日渐森严、新自由主义全球经济的迹象，在这当中，“旅游业”既是一种结果，也是造成差异的原因。在最坏的情况下，这种“产业”会拉大社会经济差距，而其阶级扭曲则损害国家的地理面貌，使得国家难以产生新的收入来源以改变经济结构，造成日益庞大的不同人口阶层工资下降。建立一处隔开群众、远离文明的旅游度假景点需要大量的建设投资以及强大的基础设施来维系，还必须修建新的机场、桥梁和公路，来连接这种遗世独立之地，同时也得为它兴建新餐馆、商场、通信网络及连接道路。

复合结构必须造好，为了施工及后续的服务所需，还得找到可靠的劳工，要能加以控管并维持其服从性。建筑过程的每一阶段都必须强化安全性，以确保客人的身家性命。此外，为了谋求长远发展，必须站在国家立场重新定位，一步步将度假村带向一种服务经济模式，确保打造的是旅馆而非工厂，改变交通路线以避开天然资源地区，往白色沙滩发展，适切对待那些利益及需求都与本地居民截然不同的外地来客。

也正如牙买加·琴凯德（Jamaica Kincaid）所指出的，旅客们总是盲目看到一片带着异国风情的土地，便一心认为充满无限可能。[4]当然，棕榈树、蔚蓝海水、安全道路，以及与世隔绝等，实属必备条件。酒吧架上非得五光十色不可，餐厅里食物必然不虞匮乏，菜色除了常见餐点，还必须带有本地特色餐。

度假村内各处都应该洁净明亮，度假村海滩不该有一般沙滩上常见的垃圾、碎玻璃、漂流物和啃过的鸡骨头。度假屋之间的步道必须由石砾或混凝土所建，不能是烂泥巴。灌木丛和植被应该恰如其分地呈现异国情调，绿意盎然，同时要修剪得有模有样。通往度假村的道路要平整好走，简单好认，车子开得快些时不至于错过或难找。不能出现东修西补的铁皮屋顶、零碎的混凝土砌块建筑物，或看得见的安全围篱。简言之，不能存在显而易见的全球化有害影响，或缺乏稳定薪资工作的迹象——建成这种人工的真实感，要耗费庞大的人力物力。

本地文化得以保留，并且只在可供合宜消费的情况下呈现。无论是星罗棋布于坎昆（Cancun）或科苏梅尔（Cozumel）海滩的某家“全包式”旅馆里，头戴宽边大草帽的墨西哥流浪乐团（Mariachis）对享受“墨西哥美食之夜”的客人奏起了小夜曲；或是穿着草裙微笑着的女郎，为来到夏威夷酒店度假村的新游客披上夏威夷花圈。在这些精心呈现的本地真实风俗当中，看不见后台人员为如此细致的本土特色所付出的辛劳：工人们为热带饮料切水果、建造并翻新精英娱乐中心，以及度假旅馆取之不竭的海滩毛巾背后没完没了的清洗工作。在第三世界环境中提供第一世界的舒适，其所隐含的经济必要性被策略性地抹去，被摒弃并有意排除于“全包式”体验之外。然而，它们依旧潜伏在度假体验的黑暗幽深处，唯有当客人抵达机场后继续前往度假村，或再度前往机场，或暂时离开度假村前去一些当地活动景点时，才会浮出水面。像是刚通过机场入境检查的游客们，立即遭遇嘈杂的出租车司机和导游不停叫卖，号称提供定制化的当地旅游、独家餐馆及购物优惠，以及百年难过的共用时光。一阵错愕中，游客们内心五味杂陈，不知该对来到南半球持之以喜，或抱之以忧。事实上，客人在顺畅的皇家度假之旅中短暂见识到的纷扰骚动，适足增强了他们觉得在度假村受到保护的幻想，认为自己能够宰制那些处于绝望、潜在中难以约束的次等人。

这么一来，热带度假村就成了富裕和资源丰饶的第一世界相对于缺乏资金的“南半球世界”的一种隐喻。苏联解体后，换来另一种地缘政治概念取代以往的“第三世界”，与其说南半球是个地方，不如说是种概念以及一个不断变动的地缘政治区块，其特征一方面是现代性、现代化，与殖民思维间的冲突争端；另一方面，则是抗拒这些对其宰制与同质化的力量。南半球形塑自“宰制全球的强权”与“不愿顺应现代性法则的概念化未来愿景”这两者间的摩擦，它带来一种解放的可能，对于那些已对“新世界”现代性叠床架屋的逻辑失望透顶的人，具有几乎难以抗拒的魅力。它向第一世界表明其自身乃是一种尚未完全实现的异质世界——所谓的对立，以其令人麻木的殖民性装置，向新世界现代性的理性中心主义之主叙事传达替代的希望。尽管南半球的人均可自由支配收入与流动资产显得相对贫困，但拥有数不尽的自然奇景、未来的可能性，以及那许多创造巨大差异的无形资产——赋予生命意义与价值，相较于资产负债表上的数字则更具深意。

可想而知，游客们之所以不远千里来到位于世上最迷人海滩及自然保护区所在、广袤无垠中的度假旅馆，是因他们身负发现、占有及探索的使命，冀望借由重新发现世界，找到他们自我当中长久以来未受照顾、并被忽略的部分。从任何意义上来看，客人“占据”了度假旅馆所提供的壮观空间，借由占领和入侵一个“外部”但高度策展之环境的经验，使他们能够重新创造自己，发现并探索内心黑暗深渊中的需求、念想、欲望与本能。

◎发现

占领和发现过程中的核心，是让当地居民对之屈从。一如人类学家史蒂文·格雷戈里（Steven Gregory）所言，“日益全球化的社会等级制度的实际应用”最直接地体现在诸如海地、多米尼加共和国、牙买加、古巴等当地人民臣服于“控制与支配的幻想”。[5]这种臣服及其有关支配的必然幻想，在2005年劳伦·冈泰（Laurent Cantet）执导的法国电影《向南方》（*Heading South*）中表现得最为醒目且写实，电影近乎完美地表达了度假旅馆为富人提供的“逸入主宰”（escape-into-domination）的梦幻。

《向南方》刻画出根深蒂固于热带度假文化中的事物，我们会在接下来的内文详加探讨，描绘旅馆所能实现的富人与穷人间特殊互动的轮廓及纹理。这都是些很容易就能从其他收录中找到的文档素材，所以《向南方》讲述的故事本身便有一种熟悉和似曾相识的感觉。这部获奖影片改编自出生于讲法语的海地、加拿大籍小说家兼记者达尼·拉费里埃（Dany Laferriere）的三篇短篇小说。电影掌握了他对跨种族性爱与性旅游长久以来的关注。[6]更重要的是，就我们的目的而言，它探索了度假村如何成为进行个人且往往露骨的性再造之跨种族幻想的特许舞台——这些幻想着力于我们一直在叙述的经济与社会压力，并充分运用旅馆精心构建的高度差异化空间等级。

随着情节开展，三名中年白人女子因缘际会来到海地一个看上去像是迎合一般国际都会阶层的度假村。电影中的三个女人——艾伦（Ellen）是韦尔斯利学院（Wellesley College）的厌世法语教授；旧地重游的布伦达（Brenda）是个渴望得到雷格巴（Legba）的离婚妇人，一直对当时那段情色之旅念念不忘；苏（Sue）是个不善交际的加拿大女人，对自己的种族地位在加勒比海地区骤然提升感到兴奋而满足。乍看之下，她们并非新宰制阶级的一分子，大部分时间都在普通的度假村度过，身边全是黑人服务生，她们享受着与性伴侣共度的时光。就我们所知，故事背景是在时隔不远的过去或是距今不久的以前，但是电影里见不到手机、电视，不存在现代性的象征物，整部戏可在任何热带地区或新近历史中任何时空开拍。某种程度上，这是种反叙事情节，有别于我们以往熟悉的帝国男性掠夺的剧情，那种故事中男性的身体（通常是白人男性躯体）在热带地区寻求性解放，以及一种在其他地方无法拥有的权威。

在度假村内，她们善用当地的黑色肉体以获取愉悦，这当中多少带着对雷格巴——剧中所有女性宠爱的那名青少年恋人——的迷恋。这名神秘的年轻人是《向南方》影片中的焦点人物，取名自“雷格巴老爹”（Papa Legba）*，它代表十字路口

* 译注：雷格巴老爹（Papa Legba），海地巫毒教神祇。

之神与传达神谕时的附灵，不但是海地举国之谜，也是布伦达与艾伦意淫的对象。意念中的雷格巴习惯赤身裸体，总是睡眼惺忪，紧挨着队伍鱼贯而行，那是一整列令人垂涎的男性黑人肉体——全都象征着男性生殖器——足可从19世纪追溯起，一路延续至《黑人约翰》（*Jean Le Negre*）*、《黑豹》（*Shaft*）**和《猛丁哥》（*Mandingo*）***。这里通过艾伦和布伦达，来将他比喻成所有白人女性的真正性幻想对象。另外，我们在电影里不断地看到许多不同的雷格巴。当雷格巴与布伦达跳舞时，舞池中挤满白人女性和她们的黑人舞伴，成双成对地浸淫在各自的激情接触中。

这个度假村滋养客人新发现的亲密欲望的能力，不可思议地竟出自随手可得、方便好用的仆役阶级。度假村中到处都是渴望得到黑色肉体照应的白色躯体，到处都是见证第一世界肉体权威的黑色身躯。无论是在海滩还是餐厅，白人女士点的每一杯饮料都会被优雅地呈上，每一把椅子都会被体贴地拉开，每一个请求都会被礼貌地接受。当餐厅侍者亚伯特一开始拒绝服务和布伦达同桌共餐的雷格巴时，布伦达立刻召唤起她的殖民权威，迫使对方就范。“他是我的客人。”她满脸不解地说道。于是餐厅为雷格巴送上很寻常的一盘鸡肉。艾伦带着雷格巴在她的乡间小屋共度一晚后，她取出照相机，要雷格巴趴

---

* 译注：《黑人约翰》（*Jean Le Negre*），美国诗人E·E·康明斯的20世纪20年代小说《巨室》（*An Enormous Room*）中第十一章名称与人物。

** 译注：《黑豹》（*Shaft*），1971年开拍，主题为黑人复仇的电影。

*** 译注：《猛丁哥》（*Mandingo*），20世纪80年代电影，指与农庄白人女主人发生不伦的强健黑人。

在床上闭上双眼。她说："我想看你睡着时的脸和屁股。"她试图在那儿记录他的屈从，并在她发现及征服他的肉体后将他俘虏。在此意象中，他将永远地被征服，精疲力竭，以及顺从。正如她执意要求的那般，他的青春将被永远地冻存。

戏中一幕幕生动男女关系的背景是珀蒂湾酒店（Hotel Petit Anse，法语意为"小海湾"），第一眼望去，感觉它是个相当乏味的海滨度假村，艾伦对它的形容是"整洁"与"宁静"。这里虽称不上豪华，但维护得很好，正因如此，才有机会用来影射热带地区众多的度假村，包括从大型的精英专属度假区，到《粗略指南》（*Rough Guide*）介绍的偏僻度假旅馆。这座度假村中有条界河（或被称作沟渠的小河）流过，将地势一分为二，隔开陆地和海滩。度假村的餐厅、游客宾馆等主要建筑物，包夹在陆地区茂密的植被当中，由像是亚伯特和丹妮丝这些穿制服的度假村男女员工负责看管。跨过界河上的木桥到达海滩，那里绝大部分是女性游客，由一群穿着性感泳裤的高大黑人男子伺候，他们为她们张罗食物、涂抹防晒乳液，牵着她们的手，亲切而奉承地同她们闲聊，在湛蓝的海水中陪同游泳。这种结构上的分离不仅突显出帝国的公共和私人领域；它还划清度假村内给薪员工与非正式仆役阶层之间的界限——而后者只能在桥的彼端嬉戏，渴求着财富与特权，从事一场复杂的账外交易，且不得不以性换取金钱。这让人联想，眼前的滨海地带是一道边境交界，名义上勉强归度假村管辖，实则并不在此要塞的无情统治下。在海滩上，倘若客人恩赐食物的话，雷格巴们可以享用，然而这规矩在45米外的内陆餐厅中便不算数。

在此殖民要塞中，性似乎是度假村非正式的服务经济核心，客人也从中发现自己长久遗忘或从未诉求的一部分。客人们借此依托在自我中所“发现”的新天地看来无比新奇，性爱于焉幻化为旅馆中的殖民行动。《向南方》反反复复地叙述一连串男孩及年轻男子提供的服务与性爱，让客人从中发现内心的未知领域，或长期疏于照顾的部分。但是，如同人类学家卡玛拉·坎帕杜（Kamala Kempadoo）研究中揭露的女性性工作者一样，雷格巴和他那一大群心甘情愿的性奴不只是为了金钱而从事性交易。[7]毕竟，他们躺在阳光下，牵手、调情，享用三明治与冰苏打水，享受着——也只能说是享受——微不足道的一点特许权力中的片刻福利。骑着马到了海滩，这群白人女子和黑人男子分食一两块烤腿肉，一同安静地躺下休息，但彼此没有互动，宛如主仆之间保持分际。如此微妙的宰制范式——微妙之处在其佯装，而非实质的主从尊卑——正是珀蒂湾酒店成功成为性爱游乐场的原因。在远离该地的海地首都太子港（Port-au-Prince），粮食短缺、街道满是垃圾，年轻漂亮的孩子前景黯淡；但是在珀蒂湾酒店，只要他们乖乖睡在狭窄的海滩边上，将自己投入白人顾客怀中，像雷格巴这样的男人不但可以吃得很好，也相对安全。

一如加勒比海的气候与沙滩，雷格巴也算是当地一种“天然资源”。但他是带不走的，脱离了原生土壤，他的男子气概将消失殆尽。历史上，其他资源从殖民世界各地开采出来，纷纷运到国际主要城市，然后经由生产、制造的工厂规格化，转变成产品，再运往消费者市场销售；然而，雷格巴与这些资源不同，是一种无法移动的资源。为了得到冀望的体验——一月温暖的海风，或八月凉爽的山湖薄雾，富人们必须旅行到其他地方。度假旅馆是种基础设施，它的出现使得在大都市以外的冒险变得安全、标准，并能确保结果合宜，也相对让愉悦变得规范而一致。因此，布伦达与艾伦这两个大都市里的小人物，都必须去到海地旅行，像海滩拾荒者般，沿着海岸边找他。艾伦不断说明非裔美国人和海地黑人的不同，并一口咬定前者不能替代后者，以强调雷格巴具有的地理优越。当布兰达为雷格巴穿上一件金色图案的衬衫，艾伦语带不屑地表示他看来像个“哈林区的黑人”。也就是说，不再诱人了。

苏是个相对安静又与世无争的加拿大女人，从她身上最能看出游客在自己深层欲望中的“发现”究竟如何影响并重新定义他们的人生。不同于艾伦这个“谨慎小心的女人，她的英国口音让她觉得自己与众不同”，艾伦在新英格兰地区的教授生活，与在热带旅馆的生活形成鲜明对比，她宣称“在这里犹如太阳，是视野中永恒的景物，无论心情好坏，生活都以她为中心。所有男孩都迷恋着她”。再看苏，她只是一名零件工厂的职员，对于有机会成为另一个“太阳”，能从海地充满机遇的宇宙中得到另一种赋予生命的力量，她兴奋极了。“来到这里，我们全都变了个人，”她接着说着，“我在这儿就像只蝴蝶——自由自在、充满活力，无牵无挂。”她有个名叫尼普顿（Neptune）的海滩情人，她承认她“爱他”。不过她补充道，这种爱，只可能发生在度假村。“在这儿，”她总结地说，“我们全都不一样了。”可以这么讲，珀蒂湾酒店是逃避现实者的天堂，相对平凡的人可经由迁徙至此，在一个新政治经济中成为女神，其神力能赋予一具具黑色塑像生命，向他们灌输爱的能力以及对“白人”（le blanc）的畏惧。

正如我们所见，劳伦·冈泰和其他作家、电影制片人、艺术家以及旅者所想象的度假旅馆一样，将客人置入一个较大而神奇的自然世界，借由消耗当地的人力和环境资源来激发自我发现和转变的地方。在如此背景下，旅馆房间外的世界与客人内心的世界突然间都变得更开阔、更明亮，也更美好。《向南方》影片的情节内容，在有关旅馆生活的故事中并非独一无二。文本书籍俯拾皆是各种翔实记录，描述因为厌世而烦忧的人们一旦离开国境来到度假旅馆舒适的环境后，如何变得精力旺盛并乐观进取地占有空间。比方说，泰瑞·麦克米兰（Terri McMillan）在1998年的畅销小说《当老牛碰上嫩草》（*How Stella Got Her Groove Back*）中，描写一名富裕的非裔美国女性史黛拉（Stella）到牙买加度假旅馆进行的一场转型之旅，书名中暗示了史黛拉在那里找到的精彩丰饶，如何帮她恢复自我中迷失许久、悲伤哀切，但并未完全割舍的那深邃而不变的部分。

这些文字不过是庞大档案文库中的一小部分，记录不虞匮乏的富人们是如何一贯地仰赖旅馆，以及在消耗当地的物质资源与环境资源的情况下，借由旅馆在世上最迷人且精心打造的环境中所提供的那种独特发现来重塑自我的。此外，如同记录所述的，这项权利不光是宰制阶级的一种异性恋主流价值（heteronormative）特权——度假旅馆不单只鼓励一种独特的异性恋自我发现。在地理位置介于南、北半球间的交接地带，棕榈泉（Palm Springs）和基韦斯特（Key West）等地涌现了大批同性度假胜地，这为度假旅馆的机能开辟了一个新的天地，客人沉浸于自然环境，从中促成自我发现和深层的个人觉察。

这些地点，就跟其他文字记载所描述和想象的一样，反映了机构与帝国的深度融合。例如，棕榈泉的“维斯塔格兰德度假村”（Vista Grande Resorts）提供了让男性住客与游客在自然景物中欣赏彼此诱人身影的造景，其中也包括散布旅馆各处的同性恋雕像。维斯塔格兰德度假村的宣传小册子和广告特别突显男同性恋者的肉体和情色风光及景色的相互融合，由此表达该旅馆克服大自然野性及险恶地势，并从建筑中体现高昂性意识的手法。度假村的宣传手册更通过对赤裸男性肉体的描绘，在视觉上加强旅馆自然景观与性探索的天人合一，含苞待放的裸体男性可在度假村辽阔的土地上尽情挥洒。旅馆内所有看得见的雕像让下方的裸身年轻男子与自然世界在直觉上相连。建筑群就以一道巨石及温泉构成的崎岖自然景观与外界隔绝，意味着度假旅馆在自然世界和人类世界的紧张对峙中牟取平衡的界限。旅馆中陈列了数量惊人的度假村建设期间的影像，图片中满是推土机、推石机、构建中的度假小屋和高高的起重机，显示劳动与享乐之间——介于大自然中化腐朽为神奇所精心打造的度假村，与慵懒乃至狂热发现并享用这番辛勤成果的饱暖思淫欲者之间——那份深厚而持久的联系。

如果说维斯塔格兰德度假村以其克服大自然的巧夺天工般建筑为特色，并将之当成广告策略和情色诱惑的一部分，那么俗称“CCBC度假旅馆”的“圣堂城男同志度假村”（Cathedral City Boys Club）则将自身定位为“南加州最大的自由天体男同性恋度假村”，且毫不费力地便主宰了自然环境，相形之下更为冠冕堂皇。这家度假旅馆的房间除了方便客人进行性的发现与探索，还刻意将大自然融入整个度假村内，将此番发现的体验极致化。就以度假村的传奇“漫步”为例，其中结合了蜿蜒小径、诱人僻室和茂密枝叶，让客人与大自然水乳交融。CCBC度假旅馆秉持欲望、设计与发现密不可分的理念，邀请游人“行走于一条潺潺小溪之上，欣赏迷人的瀑布，间或巧遇我们的一头‘野生动物’”。度假村邻水而建，从而打造出天体沙滩和巨大瀑布，里面藏有洞穴与天然小径，这都是特地为深化游客发现所建的。丹尼天体营海滩（Danny's Nude Beach）和它那人工创造的自然环境所缔造的诱惑，可谓被其“丹尼牢房”（Danny Jail）——一个临时囚室，供那些在探险尝试中疲惫的游人暂时小憩——进一步强化并调和。

纵使在美国以外，性旅游的圈子也和同志旅游（queer travel）联手营造出完全一致的殖民氛围，而且通常具备完全相同的机构建制。这些关联有时表现在对“土著男孩”的兴趣，那是种可直接追溯至帝国霸权时期的想法。[8]有时，则突显为一种标示出“同志友善”地点的城市空间旅游地图，为那些希望与当地深肤色人种发生一夜情的旅者提供指引，而深肤色的当地人只有在特定条件下才能获准进入旅馆，在经济上他们也对全球旅游望尘莫及。《寂寞星球》（*Lonely Planet*）指南中收录的“巴亚尔塔港”（Puerto Vallarta）素有墨西哥“同性恋之都”的封号，当地及全球的同志文化奔流汇集于该处的鹅卵石街道和粗糙装饰的“阿兹特克”风格度假旅馆。尽管这里有着经常被人提起且闻名遐迩的同志特色，也理所当然地成为自然反主流文化的霸主，但毕竟这种带有识别色彩、阶级意识分明的融合一点也不纯真。的确，《寂寞星球》指南连同*Out The Advocate*或其他主流杂志、刊物中选出的各种“最佳同志旅游景点”，是一种殖民式调查，是为渴望深入探索南半球的第一世界读者所写的。

珀蒂湾酒店、CCBC度假旅馆、蓬塔卡纳酒店，以及其他类似机构，在管理良好（若无法完全支配的话）的外国领土上复制供应一种怪异且通常殖民式的亲密发现。这些度假旅馆亦虚亦实地将当地文化、经济与思维全然融入其设计当中，旨在展现游客们利用和耗尽他们所处之广阔度假环境的玩乐权利。然而度假村所玩的这场亦虚亦实的游戏名目，是对身体、自然资源及忐忑失衡的人际关系炫耀性及享乐主义式的消耗——这是一场既模糊又典型的游戏，衬映在干旱荒原上辛勤灌溉而来的高尔夫球场与自然保护区，以及那些为游客及如此生成之环境所精心打扮的肉体上。所以，即便度假旅馆纯真地将自身包装成通过享乐实现自我赋权的代理人，或是一个国际大都会人士的中转站；仍是一个帝国工厂，让我们有充分机会学到一场关于地缘政治、空间及第一世界权力的难堪教训，它执意让客人们相信，无论在过去、现在，还是未来，他们都是蒙主“膏立”（anointed）*的英明君主，永远都能在一个有限的、人口日益增多的世界中占有更大空间。

* 译注：蒙主“膏立”（anointed），源自旧约中耶和华涂油“膏立”以色列王的典故。

图为1938年，位于美国内布拉斯加州奥玛哈市道格拉斯街尾的一间旅栈。

旅栈所注重的是床位，而非隐私，可谓贫穷移民与当地困顿百姓的容身之所，这与注重人们在私有居住空间内理应享有尊严的现代廉价单人房旅馆形成对比。

（图片来源：美国国会图书馆。）

第六章

贫穷

我们已看到，度假旅馆给予富裕客人的空间愈来愈多，鼓励他们自由地与大自然景观进行看似意外的接触，无论是18洞高尔夫球场上的乐趣，或是对突如其来的瀑布惊鸿一瞥，都是客人对久经遗忘、埋藏，或未被认知的内心世界所发现的一部分。尽管富人的旅馆为客人开创等级更加奢华的空间供他们探索、发现和娱乐，但另外也涌现出了大量旅馆专门照应世上的贫穷困顿者——终年辛劳的上班族、预算有限的退休人员和低收入劳工——发展出利用身体所占用的最小空间来进行想象的新方式。无论是给客人提供每晚30美元迷你封闭式睡眠空间的胶囊旅馆，还是为那些寻求栖身之处的人提供并排小床与共用卫浴的现代版廉价旅栈，旅馆生活的范围已在历史上遍及社会经济食物链的上游和下游。

当然，也存在像荷兰发迹的“世民酒店”（Citizen M pod hotel）这般的连锁旅馆，将客群锁定在旅馆领域中两个极端蓬勃成长的市场。世民酒店标榜“价格合理的奢华旅宿体验”，让客人在自助式柜台完成住房登记后，享有13.9平方米大的私人空间；公共区域的设施包括一个全年无休的24小时自助餐厅、共用式大餐桌、客厅，以及一个小书斋，别出心裁地营造出一种社区体验。世民酒店散发着一种学院风，人们在这儿除了立即拥有刚刚好的隐私，这里也是一个由“带着世界观与雄心壮志旅行者”构成的在地社群，他们“独立自主，但分享精彩旅游的意念”，同时“都是精明的知识分子，十分清楚不必花大钱也能享受奢华”。对这群偏好自我选择的“世界移动市民”族群，世民酒店承诺提供一个13.9平方米的房间及一张舒服的床，而且不论班机抵达得多早或多晚，他们随时都可在旅馆的公共活动区喝杯冷饮。

就像保罗·格罗斯所提到的，一间“13.9平方米的理想旅馆房间——干燥清爽，多半附设浴室或水槽，供应冷水、时而热水，充裕的电力设施可供照明及看电视、启动中央空调供暖、打电话及其他服务。就功能上来说，上述生活功能已经比地球人口中1/3乃至半数居民都奢华许多”。[1]在这般绵延不绝的人类存续当中，旅馆满足了那些渴望极大空间者的需求，印证了我们在前一章所见；旅馆也同时收纳、但愈发苛待那些只负担得起极小空间的人，提供给他们愈来愈小、限制也愈来愈严的栖所。譬如说，许多人长期住在20世纪初让流动工人睡觉的鸽笼式廉价旅馆，或是亚洲流行的那种把只能塞进一张单人床垫的睡眠舱成双成对堆叠起来的高密度胶囊旅馆，对这些人来说，一间13.9平方米的旅馆房间简直就是座皇宫。

帝国时代为迎合富人而大量兴建的度假旅馆，在不断提供给这些贵客更多空间的同时，那些手头较紧的客人聚居的旅馆，其数量、规模与等级也在逐渐萎缩。换句话说，旅馆营业空间戏剧性地重新洗牌，这似乎反映出、也拉大了贫富之间的差距——人口中最富裕的1%，相对于急遽扩大的其余部分。在美国，尽管贫穷工薪阶级的人数增加极快，廉价租房的数量却持续减少，造成前所未有的低收入者的短期住房荒。例如，在俄勒冈州的波特兰（Portland），经济住房的数量在1994年还有4500个，到了2012年只剩下3200个，而“西北试点专案”（Northwest Pilot Project）这项提供老人短期住房计划的资料显示，还有很多人排着长长队伍在等待搬入。这一点也不稀奇，到底该把所有老人、孱弱者、贫困者，以及世上低收入及流动劳工等渴望居所之人安顿于何处，已是刻不容缓，有待旅馆提出灵活、有想法的解决方案。

话说回来，旅馆住房泡沫化并非无中生有。反之，它是空间观念转变的必然结果，而空间观念的转变直接攸关一个强大帝国变化中的社会经济氛围。在美国，日出而作的工人们栖身的临时工宿舍，连同简陋的旅栈、长租旅舍、工薪阶层公寓，及其他价格低廉的短期住房，自20世纪初开始因受到法规约束而渐次退场，在此期间中产阶级日益富裕是主要原因。

艾伦·杜宁（Alan Durning）*观察到，随着较多的空间及日益高涨的隐私诉求开始被愈来愈多美国中产阶级视为常态，低薪阶级的旅馆以及其高密度的过渡人口也日渐被看作一种威胁及超乎人道的混乱。[2]各州及地方政府针对分租房舍、临时工宿舍这类住所的限制法规纷纷出炉，立法规定比照中产阶级

---

* 译注：艾伦·杜宁（Alan Durning），美国公益组织“西北环境守望”（Northwest Environment Watch）创办人。

水准，定义所谓“合宜的”短期住房。如此导致了在卫生与消防法规要求下、按人头计算每人至少所应分配的室内空间，以及私人浴室和占用限制等条款，严重打乱了那些专为穷人而开的旅馆的经营模式。

20世纪初，美国加州对旅馆的浴室、客房窗户和地板面积制定了最低尺寸标准，那是以新兴的中产阶级为范本，并出于一种人人有权拥有充分伸展空间的乐观信念，反映出当时浮现的这种似乎不可剥夺的人类规范。然而这种坚信旅馆对所有住客无分新旧贫富、一律提供大面积空间的法律，却造成了反效果，可供平民入住的旅馆数量惊人地减少。联邦领袖裁定旅馆、城市及各州应当如何规划辖内空间的同时，也正剥夺那些住在空间大小本就刚好、心满意足的便宜居所者的权利，将勉强挤进理想街坊城区居住的人群远远赶出了重中之重的都市蛋黄区。

贫穷旅者可利用的总体空间猛然减少的现象，可从19世纪时广为流行且遍布各地的最便宜临时住房——“旅栈”（flophouse）的灭绝中得到有力印证。旅栈基本上是一座摆满卧铺的大厅，人们在里面共用洗浴间，不久之前还曾是都会中眼熟、甚至无所不在的景物。而今，旅栈已不再合法，因为里面的铺位太小，难以符合任何一州对于最小空间要求的标准。举例来说，华盛顿州就规定，一个“适于居住”的房间，室内长、宽都不得少于2.1米——这是一个活生生的人在旅馆里绝对会用到的最小空间。在如此体制下，诸如旅栈那般共用房间、集体使用狭窄浴室及厨房的高密度旅馆，刹那间变得仿佛旅馆业中的毒瘤、践踏人权的温床。

既有的低收入者旅馆因而遭到政府除名，寻找临时住所的游民却愈来愈多，现在有些开发商正试验各种新式的低收入者旅馆空间及改良版的分租房，让人回想起20世纪的景况，其中一个例子是西雅图卡尔霍恩地产公司（Calhoun Properties）开发的“aPodment”微型公寓。

“aPodment ”正是为那些以旅馆空间规范为由而被法律排除者所设计——说来讽刺，法律原本的立意明明旨在保障他们的空间使用权。“aPodment”每一户单位面积为13.9平方米，拥有独立卫浴，与邻居共用厨房及洗衣机，“aPodment”式分租房已开始大量出现，满足人们在寸土寸金的高价都会区的短期住宿需求。随后，温哥华、旧金山及纽约也相继展开类似的短期住宿尝试，但也毫不意外地遭到反对者出面抵制，他们担心如此狭小的居所不知将招来何方神圣。这些单位面积为13.9至27.8平方米不等的微型庇护所，正面临勒令关门的噩运，正是由于它们分配给住客的空间相对来说太小所致。

◎廉价单人房旅馆

在庞大的编年史料和地缘政治变化的背景下，同时考量低收入者能使用的旅馆空间以及专为他们设立的旅馆地产总量之起伏，本章接下来的篇幅将侧重于廉价单人房旅馆（Single-Room Occupancy，以下简称SRO），刻画人们从中得到成全及遭到抛弃的千姿百态。会这么说是因为，尽管SRO

的命运随着人们对人类、空间及租房的长尾效应的态度转变而波折，但它并未完全在旅馆领域中消失。实际上，有鉴于此前探讨的关于低收入者旅馆的更大历史议题，SRO持续以惊人的耐力支撑着旅馆生活。

虽然SRO这个名词源于20世纪30年代的纽约，但至少还可追溯到较当时更早的50年前，SRO的存在是美国城市景观显著而鲜明的特征。SRO最初出现于19世纪80年代，到了1988年，"美国住房与城市发展局"（U.S. Department of Housing and Urban Development）为此进行研究，1987年的《斯图尔德·B·麦肯尼无家可归人员救助法案》（Stewart B.McKinney Homeless Assistance Act）旨在为游民提供超过1000套新建SRO居住单位，这些建筑物绝大部分改建自原先的长租旅舍，不过也有部分是从吓人的殡仪馆、干洗店、安养院及学校改造而来。这些先前的旅馆，有些因为结构残破不堪，无意间为SRO所用，有些则是特意重新装修，以满足现代SRO的需求——也就是一个为单人准备的13平方米大私人房间，里面有床、椅子和储放衣物的空间；有些较为现代的版本偶尔还有桌子、水槽、小冰箱和微波炉。[3]

美国作家西奥多·德莱塞（Theodore Dreiser）的自然主义经典名著《嘉莉妹妹》（*Sister Carrie*, 1900）刻画了美国都市生活，对于SRO赋予阶级身份的独特力量有着坦率逼真、鞭辟入里的细节描述，基本上判定一个人在旅馆内及生活中究竟有权使用多少空间。在德莱塞笔下，旅馆生活随时代潮流在芝加哥和纽约这类蓬勃繁荣的大城市里演进，他对都市生活的叙述意义深远，旅馆成为一种强大的淘金场或炼金室，书中人物试着从中实现他们能为自己创造的生活充裕感与奢华。然而，在《嘉莉妹妹》中，打动德莱塞的并非来自在一间旅馆告别短暂奢华人生、来到冥河桥下人生终站的想法，而是不同类型与等级的旅馆对前来陌生城市寻求庇护的流动劳工所提供充裕和奢华空间、从而赋予新阶级地位的力量。

西奥多·德莱塞身为记者、自然主义作家和美国城市生活评论者，他转而使旅馆成为城市景观中一个重要特征；另外，他竭力阐述那些举目无亲的城市过客所能住到的各种旅馆，以及这些旅馆对试图晋身现代世界赋予和否定其阶级身份及权利的方式。在这过程中，他在所难免地触及了SRO作为一种现代住所而特有的破坏性及解脱特征。

我们看着刚开始一贫如洗，可谓无家可归的小说主角嘉莉·麦登达（Carrie Madenda）如何步步高升，直至飞黄腾达，便可理解SRO居中扮演的角色。确实，唯有当嘉莉受邀，从与另一名剧团女孩合租的简陋旅馆搬到纽约惠灵顿酒店（Wellington Hotel）时，方才明白她已经“成功”成为纽约市的一名演员——惠灵顿酒店是纽约百老汇一家豪华且宽敞无比的新旅馆，主要接待光鲜亮丽的社会名流。嘉莉收到来自惠灵顿酒店经理的信函，告知一些他期待她看到的优雅房型，详尽描述旅馆供应的冷热水、私人浴室、每层楼特设的大厅服务、电梯、宽敞的房间，以及其他让惠灵顿成为最出色人士首选的豪华设施。他这么做无非是希望吸引她到自家旅馆瞧瞧，并能考虑在那儿度过夏天。如同这位旅馆经理威瑟斯先生（Mr.

Withers)所言，“旅馆本就靠着接待达官显贵与知名女星才能蓬荜生辉”，如果嘉莉能引来众人目光，旅馆当然可借此获得舆论好评。

因此，威瑟斯先生告诉嘉莉，虽然他为她安排的华丽房间通常每周收费100美元，但若是她愿意来的话，可以自己开个价，或每天只付三美元即可。房内三面窗户直接俯瞰百老汇大街，有两间可爱的卧室，满是布置精美的家具，有一间钢琴房，一张图书馆专用书桌，加上其他可爱的桌椅。当嘉莉走进旅馆套房，只要多付个几美元，就能远远超出SRO的价值，这正是她“一直梦想拥有的华屋”，重新定义她扶摇直上的社会地位——当然，她能在市场中拼搏走红也实属不易。

旅馆的富贵奢华空间直接牵连到客人的社会身价，在这项协议中，各项商品直接存在着对价关系。当时，全新开幕的惠灵顿酒店的“交易前估值”（Pre-Money Valuation）中有很大比重来自第一批客人的认知“价值”，于是这家野心勃勃的旅馆为嘉莉这般被看好社会前景的人提供大量优惠，最终目标就是要确保旅馆在阶级森严的广大群体间具有最高市场价值，从而争取到有钱挥霍且意欲住在“适当”旅馆的客人。

如果说，嘉莉每天花三美元就能在惠灵顿酒店发现一个更大、更好、更理想的自我，那么，之前那个一直与她同居、直到成了无业游民后，迫使嘉莉不得不搬去和剧团另一名女孩挤小房间的男人，则发现自己向下沉沦的明显特征，那便是住进愈加肮脏、狭小的旅馆，他蜷缩其中，日益穷困潦倒，终至被功利世界狠狠淘汰。这名小说中的男主角赫斯特伍德

（Hurstwood）在三流“布利克街旅馆”（Bleecker Street hotel）里“昏暗、虫蛀的旅馆大厅”找了个隐蔽处，郁闷地读着嘉莉功成名就登台演出的新闻，心中夹杂着怨恨与骄傲。阮囊日益羞涩的他不得不钻进更脏、更低贱的旅馆，从一天0.5美元的旅馆，到一天0.35美元的旅馆，最终他一文不名，只好到百老汇中心旅馆（Broadway Central hotel）打工，晚上睡在旅馆屋顶的狭窄夹层中，吃着厨子偷偷塞给他的剩菜。这种日子，孤苦伶仃，毕竟撑不了太久，他因肺炎病倒，被送进贝尔维尤（Bellevue）医院治疗。在那之后，赫斯特伍德开始过起了在游民之家寻求庇护的日子，希望能凑足0.12美元，到廉价过夜旅舍——至少旅馆有个能关起门来的小房间，里面还有煤气炉喷嘴——“这大概便是他要做的事”。然而，赫斯特伍德为了租到这房间，首先必须克服经济上的难题，他得存满0.15美元，才能在这间旅馆使用煤气自我了结。

小说在最后一幕中，明显呈现出两名主角所处空间等级的巨大差异，他们的心愿同样诉诸各自均称作“暂时的家”的旅馆来实现。嘉莉在劝说下又住进更新的旅馆，坐在那间比之前还要华丽的套房里——非华尔道夫酒店莫属——读着小说《高老头》（*Père Goriot*）中描写的阶级奋斗与挣扎，外头下着雪，想象旧情人正坐在帝国酒店大厅享用一顿丰盛晚餐。事实正好和两人相对看来都享有宾至如归的奢侈相反，读者们会看到赫斯特伍德辛苦换来的旅馆房间“脏乱不堪、木造、满是尘垢、粗糙坚硬”，还附设“小煤气喷嘴”——突显出剧烈的贫富悬殊下，富者“至高无上”，而底层之人“贱如蝼蚁”。赫斯特伍德在租来的那间破烂房里自杀，是他对抗残酷的资本主义竞争最绝望、也是最后的一种姿态，这些他无力招架的力量让他连最简陋的旅馆房间都无法负担。赫斯特伍德进了旅馆房间后，用破烂外套仔细堵住门缝，脱下鞋子，小心翼翼地整理背心，最后一次躺下，他在旅馆房中的最后一夜，刻画出那些无法在世上占有更多空间的人所面临的凄凉选择。赫斯特伍德选择离开这个世界，而非面对无家可归、穷困、长期缺衣缺食，这代表最底层的人在世上找不到、也根本没有容身之处。黑色小船静静驶离27街码头，载着赫斯特伍德及许多无名者的尸体到波特墓园。从安息所滑向坟墓，这是为那些最后安息在SRO的人奏放的一首黑暗而宁静的挽歌。

德莱塞的小说清楚阐明，旅馆乃按照阶级特权来分配空间。如果说，华尔道夫酒店的豪华大房标志着阶级洪流的一端，SRO那微小、扭曲人性而脏乱的空间就标志着另一端。旅馆记录了客人不断变化的命运，这是对客人经常快速变动的社会经济处境的有力诊断。而就算SRO乃一无所有者命中注定的旅馆，但是，富足者依旧对它抱持兴趣。事实上，那些命运急转直上的人——如嘉莉，因其天赋、美貌、偶然机遇或有力的关系而受命运之神眷顾，时常把SRO视为一种强大的试金石及衡量点，安抚心中愧疚，“回馈”社会，或与他们的出身社群保持联系。

就以碧昂丝·诺斯（Beyoncé Knowles）为例。这位2007年的格莱美奖得主、女演员和时装设计师，转行当了开发商，承诺投入100万美元，在她的家乡休斯顿兴建一座价值400万美元、拥有43个单位的SRO。这座位于市中心的“诺斯圣殿广场公寓”（Knowles–Temenos Place Apartments），旨在提供——套一句其创办人的话——一个“为那些遭到人为和自然灾害后身心受创，目前处于改善生活的重大阶段者所设立的SRO支持性住房设施”。

我们从影片中看到碧昂丝特别提及催动她致力建造SRO的那场2005年的天灾——在卡特里娜飓风（Hurricane Katrina）肆虐下疏散的群众现在都成了无家可归者，他们集体迁徙到休斯顿，而且“直到今天还在继续”。碧昂丝表示，这让她决定付诸行动，当仁不让地自行建造SRO。同时，她请那些对“圣殿专案”感兴趣的人一起与她进行一场试想体验，以同理心了解需要SRO设施者的感受。她请大家“想想”这“许多我们的兄弟与姐妹”，若是没有SRO的话，将“睡在户外冰冷的水泥结构或潮湿的土地，没有枕头可用”——也就是说，想象一下这群人在家园毁灭后，找不到临时庇护空间的惨况。这就好像哈丽特·比切·斯托（Harriet Beecher Stowe）通过她那著名小说《汤姆叔叔的小屋》（*Uncle Tom's Cabin*）*，让安坐家中的读者对书中那位顿时无家可归的奴隶母亲伊丽莎·哈里斯（Eliza Harris）掬一把同情之泪。碧昂丝呼吁那些“安稳睡在床上，盖着舒服暖和毛毯”的人们，能否“试想睡在户外环境”的感受。

在安居无忧者和惊恐游民间戏剧性的强烈对比下，碧昂丝资助建造的SRO俨然成了黑暗中的光明骑士：“想象一座全新的四层楼公寓建筑，配备齐全，足供无家可归者顺利衔接充满

---

*　编注：《汤姆叔叔的小屋》（*Uncle Tom's Cabin*），又译为《黑奴吁天录》，于1852年发表的一部反奴隶制的小说。

希望的未来。”碧昂丝描述的情境如此生动有力，现已正式成为推动该SRO的文宣布达的一部分。[4]

碧昂丝对那些因天灾而流离失所、沦为新游民者所表达的认同，让她从一位歌手转型为SRO开发商，从而提高自身的社会价值。她的牧师和拥护者宣称，即使碧昂丝在星途上一路顺遂，但她创办SRO之举仍证明她从小就具有“真正谦卑”的特质，未因她的明星地位而动摇。尽管她在社会经济上表现得如此耀眼，仍通过SRO的体现成为她与出身社群持续联系的实证。换言之，碧昂丝通过SRO让粉丝们放心，她还是原来的那个家乡女孩——虽说她的事业蒸蒸日上，且明显表现在她占用的临时空间愈来愈多也更加奢侈，且往往以牺牲穷人利益为代价；尤其是她最近为了生孩子，在纽约勒诺克斯山医院（Lenox Hill Hospital）砸下百万美元包下一整层楼，为了维持门禁森严，医院草率移走了该楼层的病患，并禁止其他新生儿的父母前来“新生儿重症监护室”探视他们的宝贝。[5]

但通常来说，像卡特里娜飓风这般猝不及防的意外灾难，哪怕它让无家可归者和新贫人口数量再怎么急剧增加，终究无法刺激SRO及其他便宜旅馆的扩张，以至于为穷人而设的短期旅馆空间最后还是遭到挤压。照片上显示的，不仅是那些挤在休斯顿巨蛋体育馆内小床上、破碎且多半为黑人的家庭看起来毫无救济可言，它更清楚地揭露了真正处于贫困与逆境之人实际上几乎没有住房可使用。我们看到了联邦紧急事务管理署（Federal Emergency Management Agency，简称FEMA）以拖车代替旅馆和旅栈的床位，这无疑向社会大众抛出一道棘手难题：长久以来，穷人究竟是否有权享受任何类型的旅馆服务。那些拖车扮演已在20世纪中慢慢消失、为打零工者提供的短期住房之替身，然而又酝酿出另一个问题，即对于受到命运捉弄之人，我们所能做的最佳安排是否就是给他们一辆拖车，然后就让他们自己想办法安然度日。

碧昂丝对SRO住房的投资与她的言行不一，也许惹人怀疑明星的慈善专案作秀成分居大，然而她资助的SRO是为照应那些在天灾、不可抗拒的大自然反扑及颠覆人类游戏规则之超然力量的破坏下，流离失所、无家可归、寻求暂时庇护者，这提醒着我们，一旦大自然灾难真的降临，SRO所面临的更严峻威胁——SRO以及那些亟须简陋住房的人，不但资源微薄，而且通常整体上受到社会排斥，这也让他们成了灾变时防备能力最差的受害者。正因如此，SRO无法为解决流离失所者的短期住房问题而大举推广，甚至SRO跟其住客一样，经常变成这些灾难的受害者，使得它们占用的总空间反而在灾难过后大幅缩小。

以1989年10月发生在北加州的洛马普列塔（Loma Prieta）大地震为例，正如卡特里娜飓风在纽奥良发威后，失散的灾民在废墟中呼唤亲人与宠物的画面震惊了全世界；捣毁全国人口高度密集地区的加州大地震也不例外，联邦政府及FEMA迫切为此一绝无悬念的空前人类危机迅速进行人道救援。从FEMA采取的应对措施中可清楚地看出，他们如何将危机转变为一种依循资产阶级路线重新分配空间的机会。震灾过后，FEMA一个月之内就修复了在当地具有地标性的旧金山海湾大桥，让硅谷的高阶主管们能够重展工作，可是，该地区周边破败不堪的SRO里的住客们，赫然发现自己成了一无所有的永久性游民——举例而言，阿拉美达郡（Alameda County）廉价单人房旅馆的1300位居民，或是圣克鲁兹（Santa Cruz）的500名SRO住户，他们的庇护所全都毁于地震之中。

十几年下来，联邦政府不断删减支助SRO的预算，导致当下遭逢天灾后的处境格外严重。根据一项针对该地区游民的调查报告显示，至少有40至50人每天轮班排队挤进三间房的公寓里睡觉，他们都在等着SRO住房重建。然而FEMA除了将该地区的SRO重建工程列为次要项目外，还追加了不利于SRO居民的规定，使得情况雪上加霜。比方说，某条制约条款中要求租客必须先证明自己曾在同一栋SRO建筑物里住满30天，根本不管SRO业主为避免住客有权声索成为永久居民，所以每隔28天就会强制住客暂时搬走的不成文约定。而对于受灾户的救助金额与期限更是让SRO的住户欲哭无泪，就算一名SRO住客能举证自己住满30天，也只能获得一个月的救助；相较于此，一般住家的屋主可得到三个月的救助，一般租客则可拿到两个月。FEMA歧视SRO住客，造成超过半数的SRO住客完全拿不到任何住房补贴。

旧金山"无家可归者关怀专案"（Homeless Advocacy Project）就此对FEMA进行谴责，抗议其不当对待SRO人口，随后有19个社区团体对FEMA正式提起告诉，FEMA为达成和解，承诺筹措资金来重置震灾中遭到摧毁、现已无法居住的SRO。但是，这些SRO单位所在的建筑物总数足足超过2000栋，使得这项工作窒碍难行。[6]正如在此案例中所清楚呈现的，灾害基本上对SRO不利，反倒变相成为进一步压缩穷人和不幸者短期住房整体空间的良机。

虽说SRO在上例中断然承受空间遭到打压的莫大损失，然而并非所有SRO全都处境相当——并非所有SRO都提供给住客同样的房型和空间大小。在某些大规模经营的SRO环境中，存在一种清晰的价值、品位及需求架构，就好比旅馆有星级评等机制，旅馆的特定服务、奢华，及便利设施直接关系到可以获得几颗星的评等，SRO也一样，各自拥有不同的等级，可为那些寻求希望与再生的客人提供迥然不同的空间特权。“圣殿专案”在这类SRO当中可谓数一数二，它提供给住客们的环境，及其讲究的社区性质与启迪人心的效果，都让住客感到骄傲。

就以韦斯先生（Mr.Wes）为例，他从2009年诺斯圣殿开张后就一直住在里面。他之前曾住过丹佛市中心的SRO，来到此地之后，他从没欠缴过租金，并为自己在诺斯圣殿每月支付436美元便能拥有的一切深表感动。诺斯圣殿设有提供上网与电脑的商务中心，大门有安全的门禁卡管制，现场有管理员值班，崭新的房间美不可言，带有浴室、迷你冰箱、双口炉台，还有壁挂式平面电视，诺斯圣殿给人的感觉，就和休斯顿市中心及城区密集新建的公寓住房一模一样。除此之外，一旁就是教堂，这让SRO的社区延伸到了墙外，从而使得如同韦斯先生一般能够想象新的开始与更快乐自我的居民，纷纷涌现在诺斯圣殿为他们打造的更大空间环境之中。

不论SRO空间在相对认知上是否充裕及华丽，这些旅馆都基于一种共同假设而经营，那就是需要这种庇护的贫穷个体是孤独且与社会疏离的角色，是一种缺乏广大社交圈及自力更生能力的现代自我。SRO空间也因而强化了这种社会隔离。韦斯先生之所以能够住在SRO，是因为他单身——他很快指出，这里不允许带着孩子、家人，或任何形式的另一半同住。一般旅馆的房间主要是为夫妻准备，仅存在少数套房可供整个核心家庭居住，SRO的前提则是针对脱离家庭的鳏寡孤独者，并认定人们一旦陷入贫穷，则社会关系破裂与孤立也随之而来，也就是在改变的人际网络中减少占用社会空间的一个自我。他们的房间就像修道院的修士独居室，孤立的个体从中隔离了人际互动与家庭生活等诱惑、混乱、复杂，以及他们对空间的需索。

可想而知，SRO当中往往皆以男性为主，男女比例为2∶1。住在诺斯圣殿二楼的玛莉女士是一位亲切的大家长，时时叮咛韦斯先生要准时参加合唱团练习，当班管理员伊娜女士则像严格的警卫，她会警告并偶尔驱逐那些不遵守诺斯圣殿规则的人，而对前来寻求空间的人，她也担任门房的角色。这都是些孤立的女性人物，她们跨越导致家庭失散的各种空间鸿沟及孤立取向的独居者，创造社会联系。

话说诺斯圣殿和所有的SRO一样，秉持社会经济空间理念中所力主的，让世间失意者获得人类独处机会，所以这家SRO另外也收容、接纳年满18岁的单身者，以及残障人士、精神失常者、病患和坐过牢的人。申请表上要求那些寻求庇护者提供犯罪记录和曾经入狱的相关资料，以及就业经历、银行资料和居住经历。像伊娜一样监管SRO的管理人，通常会先协助没有银行账户的住客开户，同时辅导他们重新接受训练并找到工作。伊娜对社会意识的自觉，促使她为住在诺斯圣殿的少数女性成立了几个妇女团体，主要关注性侵害与药物滥用。伊娜女士分享的成功故事中，包括一位曾经在诺斯圣殿生活、现已搬到属于自己的家的女性，如今她有了宠物，也有了满室花草，还有给家人的房间。

不过也有其他人，比如韦斯先生，从他们周遭破碎的生活和空间中构筑出人类社群。伊娜女士及接待区其他工作人员把韦斯先生描述为该单位的喜剧演员、主持人、社会良知与守望相助者，韦斯先生在这里非但只占有他的单人房，更成了诺斯圣殿的门面。他会冲到大街上向迷失的旅客招手，指引他们平安地来到大门，是公认的接待员及品牌代表。韦斯先生这位客串门房，能让人们彼此联系起来。经由上帝之手重生的他，不媒介毒品、卖淫或酒精，而是助人作出选择，范围从介绍最便宜的1夸脱*装牛奶，到下一次召开的戒酒匿名会等任何事情。最近，韦斯先生的母亲在乳房切除术的十年缓解期后，死于乳腺癌，他对此感到悲伤，开始提醒那些有着任何危难或病痛的人提高警觉。他正准备向这个在他最不知所措的时刻给予第二次机会与救赎的世界做出回馈，他通过重新构想、扩展和重建SRO提供其客人的空间来做到这一点。

◎规模经济

旅馆为穷人精心规划的空间，分给住客时，不见得能够启

* 编注：夸脱（quart），容量单位，一夸脱大约是0.95升。

发支撑生命的对策。情况反倒常是：为穷人而设的旅馆持续减少，且不断对住客所能使用的空间之数量及质量设限，最终造成导致绝望、恶化和死亡的危机。当我们就近观察穷人的旅馆，仔细看看它们如何分配空间，便能明白这对其中的住客来说，根本意味着生死之别。正如我们在本书第二部分所看到的那般，人们转向旅馆寻求新的生活或是最后安息地时，那些走入SRO大厅的穷困潦倒者，抱持着非同一般的期望和需求——这些需求要不就轻易地被忽视，再不然就是旅馆给予不成文的安排。我们可从旧金山田德隆区（Tenderloin）大使酒店（Ambassador Hotel）发生的案例，清楚地看到旅馆生活中这项非比寻常的特征。

兴建于1911年的大使酒店是座庞大的建筑结构，外观上考究地装饰出法式贵族风格。直到今日，这座建筑看来仍大得超乎寻常，就像一个六层楼高的大红砖盒子，盘踞在一条两层楼店面的街道上；以肉眼观之，会觉得里头的空间无比宽阔，简直深不可测。当初这家旅馆在美国“进步时代”（Progressive Era）的乐观主义氛围下建成，然而就跟许多现已成为SRO的旅馆一样，在田德隆区过去数十年的兴衰岁月中，这家旅馆一直在挣扎求存中摇摆，然而情形每况愈下，所接待的有钱旅客愈来愈少，倒是愈来愈常为该地区日益增多的贫穷底层提供住宿。到了20世纪70年代，它已成为德莱塞小说中虚构人物威瑟斯先生这样的旅馆经理最害怕的噩梦，先是从精英阶层专属旅馆变成经济型旅馆，最后，更是沦为了一家功能不全的旅馆。后来到了艾滋病危机肆虐的20世纪80年代，它成了提供防治及隔离服务的大本营，换句话说，它变得相当不同于以往，然而一时间又看似非常眼熟。就像许多在艰困环境中苦撑的老旅馆，大使酒店后期转型成为一家SRO而得以生存下来，为那些能够支付少量租金的人（通常由当地、州或联邦政府资助）提供一个非永久性住所。

然而一直等到1994年，大使酒店赋予生命及死亡的故事片段，才终于得到戏剧性的突显。就在那一年，当地的KRON电视台播映了一部描述这家旅馆当年如何管理客户的纪录片。这部《大使酒店中的生死存亡》（*Life and Death at the Ambassador Hotel*）具体描述了这家SRO的实地运作情形，所收容住客多为失业者、病患，甚至行将就木者。人们每月只需支付85美元的微薄费用（如果想要有独立浴室，则支付97.5美元），便可拥有专属的小房间，通常装修得还不错，至少享有一点隐私。而最重要的是，住客也能立刻得到公共卫生服务，当时这支公共卫生团队正在一场灾难中奋战，亟欲对这里的同性恋社群发声。虽说这部纪录片意在呼吁世人采取行动支持城市的贫困人口，但它也成为一件历史档案，展现了即便在最恶劣环境下，旅馆生活依旧萦绕人心的持久性与其转型，以及通过适度空间的变通来妥善安置其住客最终极的需求。

在一家如同大使酒店这般的SRO，虽然旅馆的功能从根本上遭到弱化，但是仍能从旅馆冷清的内部所创造的新型混生物及混用的空间中辨认出来：大厅成了一处完美的转接点，也是一个等待救护车，或是某种成瘾咨询师或笑或唱的地方；客房服务已被慈善机构对穷人的送餐服务取代，在纪录片中，送餐者面带笑容，志工们挨家挨户送餐。在这里，人们看到的不是高级旅馆周围林立的咖啡屋和服饰店，而是防治艾滋病的宣传团体、非政府组织，及社会福利办事处。随着摄影镜头移动到走廊，我们看到半数的房门在白天都敞开着，以便查看和照料那些需要帮助的人。简而言之，旅馆空间的重塑逻辑顺应于满足人类所缺，以及住客们的定期需求，因为他们在医院负担不起像在旅馆使用这许多空间的费用。

大量工作记录显示，大使酒店改造成混合、多功能旅馆空间的企图，是以防治难以避免的贫困与匮乏为前提，来形塑一种旅馆生活，而这种贫困与匮乏往往造成犹如《嘉莉妹妹》书中赫斯特伍德那类住客的绝望及死亡。对于这种不存在证实有效疗方的"传染病"，大使酒店以一种充满想象力并出于人类需求的方式改造空间后的旅馆生活作为回应，并在降低规格的空间内实现—— 也就是我们所见，那些手头最拮据之人的需求。纵然那些观看纪录片的人从大使酒店的自信居民口中感受一种乐观的气象，但很明显，这些经由想象重新筹划的旅馆空间，往往不足以支应站在另一端的富人们想做的事——就像我们在上一章"富有"所读到的，那些以提供给客人广阔空间与奢华旅馆为特征的个人自我发现与重生。

在这部纪录片的最后，摘录了一个有关旅馆生活的特殊故事，突显这间SRO出于根本、以维持穷人生活而重塑的空间极限。画面将我们带回到大使酒店大厅，他们的一位管理人员马尔科姆（Malcolm）正焦虑地来回踱步。这位在纪录片中多次出现的中心人物运气并不太好，他站在门边不时捂住心脏的位置，强忍着胸痛，努力想放轻松。人们在大厅等出租车已等了两个小时，但还是没来。就在旅馆经理再次拨打电话时，我们得知马尔科姆坚持要叫出租车，而非救护车。这种在都市景象中无所不见、对传统私人交通工具的坚持，说明了一种通常旅馆住客才会特别在意的尊严——即便这也出于务实的考量，因为他需要比私家救护车更便宜的交通工具。

马尔科姆想以旅馆“客人”、而非病人的身份前往医院；说得更明确些，即便到了生死关头，他仍紧抱着旅馆生活不放。然而，旅馆经理无法招来一辆愿意到田德隆区收容艾滋病患者的SRO接走一名身患绝症病人的出租车。无奈之下，旅馆经理做出了一位善心门房会做的事：他走到大街上，铆足劲地阻挡车流，然后拦下一辆车。接着他协助马尔科姆钻进出租车，确定他带了车资，并确认司机晓得该前往哪里。“人们总是充满成见，”他边抱怨，边看着出租车开走，“用有色眼光看待这里，说这儿都是毒瘾、毒虫、同性恋、人妖、艾滋病患、艾滋传染者什么的。根本胡扯。我们可都是活生生的人。”在大使酒店这间昔日风光、被许多电影明星、艺术家及小说家“当成家”的旅馆里，过的生活享有——或像马尔科姆所坚持，应该有——更多尊严。然而，实情是当韦斯先生能在他所占用的SRO空间里发现一个充满潜力的未来时，其他占用大多数SRO的人通常都无法发现占有空间与世界的新方式。

马尔科姆去了一趟医院之后，又回到了大使酒店，在这处已然尽力、终究无法继续让他受到临时照护与安养的旅馆中，他走向生命的尾声。他跑了趟医院，但发现自己负担不起，只得回到SRO，四天后他孤独地死在房间里。一位居民助理发现他全身赤裸，血淋淋地躺在地上，嘴角挂着一丝微笑。根据一名目击者所描述，他当时就在自己床边倒地不起，看上去，“死后反而比活着时更祥和”。

韦斯先生以创造性且积极主动的态度，超越了诺斯圣殿SRO给住客的有限空间，反观马尔科姆最后退入他最隐秘的内室，以得到他的最终宁静。在旅馆墙壁和规模化的简约空间构成的背景下，这位特别的住客似乎一直费劲地执着于旅馆生活及其提供的简陋庇护所，直到最后一刻。从这两个人的对比，可以发现旅馆不只是个过客之地，也不只是最贫困客人容身的简陋空间——在那里，一生饱尝人类基本尊严、安全及认同之屈辱的自我，或许能开启新的篇章，也可能走向人生悲剧的结局。

◎客满

借由诺斯圣殿和大使酒店发生的两个恰恰相反的例子，我们开始看出构成SRO的有限空间所促发并助长的不同类型生活。假如说，在人类范畴的一端，SRO适度规模的空间可当作给予第二次机会和展开新生活的租赁场所，如同韦斯先生的例子，然而，我们却总会看到它似乎同样促发并助长在马尔科姆身上那般明显的苦难、心灰意冷和绝望。最严苛版本的SRO所提供给住客的空间，狭窄得惨无人道，规划方式甚至无法维持最基本的人类生活。

位于纽约中国城海斯特街（Hester Street）的阳光酒店（Sun Bright Hotel），它的一到四楼仅仅存有一点点珍贵的“生机”，对抗着在那儿坐大的“死亡”。阳光酒店所在的建筑呈现美国“镀金时代”（Gilded Age）的传统四方形盒子造型，这家旅馆刻意刷上较不引人注目的米白色，门外的招牌小得几乎让你看不见，只能勉强辨识出红色的“hotel”，周围全是中文字。它让自己看上去毫不起眼，仿佛想否认它占据了任何空间。

这栋建筑落成于1880年，在20世纪50年代与60年代曾是一间SRO，当时称之为联合酒店（Union Hotel）。当它被一名中国商人买下之后，又被改造成不折不扣的集中营，里面挤满了大量行动受限的移民工人，它让他们避人耳目，远离街道，但随时可供取用。跟大使酒店的住客不同，这里的一群人无法仰赖社会救助；相反地，他们过着一无所有的日子，政府力量对他们的命运鞭长莫及，他们的生物机能根本无从想象。大约两年下来（2004—2006年），好几名房客惨死在阳光酒店中，让它成为晚间新闻的社会丑闻焦点，当民众注意到旅馆给予住客的空间竟然如此不堪，简直惨无人道，这家旅馆的狼藉名声也跟着传开。

如果说，大使酒店在20世纪90年代中期修改了旅馆设计方案，划拨适度的空间供生病的穷人暂时居住，那么21世纪初的阳光酒店完全把方案束之高阁，完全不提供人类能够活下来的房间——阳光酒店的大厅内没有椅子可坐；住客得先按电铃，等金属门解锁后才能进入大厅；许多楼层都是女宾止步；就算旅馆允许访客，也非常罕见。在人们来去以及通常是非法移工换班时集合的低楼层，那儿只存在最“痛苦”的气息。“事实上我们在这儿都是奴隶，”一位不幸的人向一名勇敢的《纽约时报》记者坦白说道，“我们就是现代黑奴。就这么回事。”[7]

在这个阴森的营房上方，最上面的几层楼只有充满危险、恶意与枯竭的空间，专门提供给穷途末路的流浪客。对于打算省点钱的欧洲旅客，以及想在除夕夜找个便宜地方睡觉的美国游客来说，每晚收费15美元的阳光酒店看来便宜得难以放弃，也就根本不管他们买到的是什么样的空间。随后，他们来到位于包厘街（Bowery Street）与海斯特街拐角处的简陋边厅，艰辛地爬上五层楼的阶梯进到他们的房间。他们宛如业余的民族人种学家，踩着阶梯上楼时，全都观察到在他们房间下方的贫困人类底层。“最下面几层，”一位不具名的旅客简单说道，“基本上是收入极低者的住房，到处是猫，弥漫着猫尿臭味，里面的人坐在走道上对我们怒目相望。”到达房间之前，另一人回忆道：“你必须先穿过其他楼层，里面好多中国人。或者说，他们根本就在那住着。”这条黑暗通道宛如穿越阴曹地府，不论“住着”或“待着”根本毫无区别，让整间旅馆变得一无是处，即便到了较高楼层，依旧是“囚室般的寄宿房设施”，或“更像监狱，一座禽类养殖场，甚至一个集中营”。

来到这所现代拘留营上层后，这位典型的重视主权的客人发现他辛苦得来的私人空间受到严重侵害，就好像在结构上，上方旅馆空间和下方地狱般的可憎领域之间毫无区分。里头的房间只收男客，大小犹如衣物间，没有装饰或任何造型。房内没有天花板，仅在上头架上一张铁丝网。如此做法，遭到网络上无数访客的证言嘲讽，“一种似有若无的隐私”，抹杀了明亮、移动的分界线，而唯有这些不断标志的分界线才体现旅馆生活的存在，划分出不同的空间。

某位外国旅客将之比喻成睡在“蜂窝”，还有人写了一大篇措辞严厉地谴责，对阳光酒店的结论为：“根本不是旅馆，它甚至连作为青年旅舍都不配。它是一个把人塞得满满的肮脏储存设备。如果纽约发生瘟疫的话，我一点也不怀疑感染源一定出自这间垃圾筒。它所谓的‘房间’比衣柜还小，临时搭起的墙上头还有铁丝网。你在那儿度过的每一秒都是梦魇般的恐怖经历。你会从四面八方围绕你的几十个房间听到各种声音，并闻到每一种恶心的气味。出门走走的时候，你绝不敢把个人物品留在里头。一点也不安全。它更像个变态的疯人院，难以用斯文的语气描述。”[8]

这些评论指出阳光酒店里分配给人类生活的空间极度不足，让人足以断定，规划给穷人的空间总量与素质必须提高，否则根本就该停业。然而如此一来，又浮现一个令人战栗的问题——遑论支付能力，我们每个人到底有权占有多少空间？

正如我们在第三部分“等级”中所见，旅馆生活经常赋予人们进入大量奢华空间的充裕机会，从而实现帝国主义的“发现”美梦，激励客人探索他们的内在生命与深层自我。也正如本章所指出，穷人占有的空间愈来愈小，在最基本的层面上侵蚀了人类生活。沿着SRO提供的这股空间洪流而行，自我的周而复始，也可能出现不同的经历。相较之下，较为奢华的诺斯圣殿住客发现，在舒适而简朴的空间里，有机会重新融入自己的家园，或重新树立自我价值与乐观的感受；大使酒店的住客则在旅馆关怀而适切的空间中寻求最细致的希望；而在阳光酒店中占用"房间"的人们，根本毫无旅馆生活可言——这家最严苛的SRO所提供的空间一点也不真实，它不能满足人类最卑微的需求，它只不过是个储放人类的仓库。同时，所有这些不同的SRO旅馆，就像他们的住客一般，都在为自己的生存而挣扎，对抗整个时代氛围，只因贫苦困顿之人的空间将被无情剥夺。

鉴于此，出现如阳光酒店这般蛮横地切割空间的旅馆也不让人意外。倒是像诺斯圣殿和大使酒店这样的SRO令人意外，它们继续维系人类的生命与希望。但尽管如此，随着时间推移，实情是世界上穷人的"旅馆房间"也真的愈来愈少了。

感受

位于内华达州拉斯维加斯的“纽约 纽约”赌场(The New York New York casino)。

赌场旅馆不仅象征好运的源泉，同时也突显出某个地方的某段光阴。赌场旅馆往往自我定位为跳脱周遭岁月及时空的存在，无论展现成古罗马宫殿，还是其他城市景观的分身，无论是外在或情感上全都离不开财富与上流社会的极致。

第七章

幸运

本书前三部分内容探讨了现代旅馆替追求名利、意义、自觉、性发现，当然还包括睡场好觉的客人塑造的各种时间、等级与空间。在这最后一部分“感受”中，我们转而剖析各种旅馆生活所驱策、助长的戏剧性感受——从极强烈的幸运感，到灰心丧志的失落感。那些有幸占有旅馆中最高等级空间，并能在旅馆的灵活空间内，让肉体、心灵及性欲重新开机的人，大概确实会感到幸运；然而，那些挤在万分寂凉的SRO、被剥夺了最后一丁点儿隐私及人性尊严的人，可能会打算结束一切——在旅馆里一死百了，而这或许是旅馆内惯习场的恶意坐大的缘故。

然而旅馆生活所造成的幸或不幸，并非简单叙事就能不证自明。我们即将在最后两章看到，那些极度绝望之人恐怕会像飞蛾扑火般，为命运最后一丝希望奋不顾身；而那些在五星级旅馆中养尊处优的天之骄子，一旦支撑他们脆弱自我的虚假面具因遇上恣意施虐的旅馆老板或陷入严重逆境而摔得粉碎时，却格外容易被绝望所吞噬。换句话说，正因身在旅馆生活，也由于旅馆生活，才会出现不规则也不对等的幸运和失落。就算豪华如丽思卡尔顿酒店，也一样潜伏着不测，随时准备出击，没人能凭借其贵宾身份而逃过命运的劫数。同样地，即使备受践踏之人也可能在这场旅馆生活的游戏中逆转得胜。

总之，客人在旅馆为其创造的世界有所感触，而且感受深刻，现代主体性也便在这种强烈感受下形成的原生黏液中浮现，只是尚未定型，永远都在形塑与演化之中。客人来到旅馆柜台，他们的感觉就和疲惫的躯体一样无常而短暂，这种流动性构成旅馆生活的生命力。现代公民在旅馆所体验的情感层面，同时也是全球资本最难驾驭、导引、监管和利用的。换言之，旅馆造福于广大公共事物的能力所及，便是提供感受，而万万没想到的是，我们竟也不寻常地根据旅馆生活善变的特点得到了分析结论。

◎机会

当然，每家旅馆多少能带来一点好运，或最起码让人碰碰运气。任何一家路边的汽车旅馆，闪闪发光的招牌向每一位司机招手，总在他们精疲力尽前及时映入眼帘。在大厅或电梯里的每一次偶遇都充满建立关系的希望，这在人们的从旁一瞥、腼腆微笑，或冷淡的不予理睬当中便可看出。每一次意外的房间升级或突如其来的免费升级套房，进一步左右了旅馆接待员敲击键盘时的偶然机运。当我们穿过旅馆大厅时，都希望自己走运。旅馆以千百种方式宣传诸如此般好运，向有需要在一家不熟的机构租间私人卧房，并将个人隐私托付给一个陌生中介的任何人，传播这项理所当然的不争事实。这使得花钱上旅馆租间房住上一两晚成为常态。简单地说，碰运气成了上门租房的理由。

然而，有时平凡的好运甚至会发展出更戏剧性的形式。有时，旅客们会陷入渴望好运的情结中难以自拔，从而驱使他们收拾行囊，坐上车，横越沙漠，前去一个临时惯习场的怀抱以寻找体验世界的新方式，一心期待得到命运青睐。

遥遥数百里的路途上，不屈不挠的旅客在传说有一夜致富机会的鼓舞下，沿着91号州际公路来到西南部沙漠中旅馆林立的枢纽——拉斯维加斯。日正当中，他们离目的地愈来愈近，疲惫的旅客和饥渴的心灵见到玻璃帷幕反射的光芒就在地平线上闪闪发亮，平坦的地貌中升起了人为的庞大建筑群。夜幕降临，整条道路灯火通明，将目光引向远方的一片灿烂光池，俨然是这城市跳脱黑暗束缚的恍惚明证，招揽客人前往一座座永不打烊的庞大而辉亮的度假村。再往前一点，绿洲中艳光四射的奇幻建筑刹时攫住你的目光：皇宫赌场酒店（the Palace）、大都会酒店（the Cosmopolitan）、阿丽雅赌场酒店（the Aria）、威尼斯人酒店（the Venetian）、百乐宫酒店（the Bellagio）、帕拉佐赌场度假酒店（the Pallazo）。在这美国西部干旱的不毛之地，疲惫的流浪客从拉斯维加斯找到另一个古罗马——拥有不相上下的一切邪恶与堕落，以及喷泉和霓虹灯营造的辉煌。

在这金碧辉煌的绿洲里，命运与机缘彼此难舍难分。这个曾经夹在大都市间的小镇，何以能迅速扩张发展，牵涉到我们叙述的故事？拉斯维加斯的快速崛起不仅仅是空调技术和州际公路，或战后汽车文化与罪犯阴谋的故事。终归来说，它也是关于工资下降及信用贷款激增、中产阶级萎缩、人们愈来愈渴望彻底扭转日常生活与物质环境的故事。每栋建筑都代表一座希望之塔——尤其是希望，只要玩一把赌运的游戏，或在骰桌坐上一天，或经过一周的轮盘赌，便能让生活有所不同，从此过得更美好。赌场旅馆就此成为现代旅馆神格化的产物，在一个对未来愈来愈缺乏控制和选择的世界，制造了拥有控制和选择的幻象。

在如此设定的情境中，沙漠可能会冒出一个看似无辜的人，他走进一家华丽的旅馆——旅馆的名字就叫“银行”，让人肃然起敬，暗示着其中深藏的财富。然而这人从一开始就跌入了受到操控的噩运之中。他乖乖排队等着办理入住，却被硬生生挤到一旁，以便让人护送一位VIP贵宾直接插到队伍最前面。为此待遇，他不服地喘着气。“那我算什么？”他心想，“VUP（Very Unimportant Person）？‘贱宾’吗？”他自己爬楼梯前往房间，没有旅馆人员随行。他的房间不仅肮脏，甚至可谓污秽不堪，散发出的一股怪味可把他熏倒。他要求换个大一点的房间（或者该说干净点的房间），但被告知这类房型全部客满。他离开房间想呼吸新鲜空气，可这时，他看见那位VIP笑眯眯地，由仆役迎入不同的旅馆空间，而那正是自己心中想要的选择。为了找点慰藉，这个客人走到旅馆餐厅，却被告知因为没有事先预约，此刻没有座位。他在旅馆介绍的一家蹩脚餐馆吃了顿糟糕的餐点，但身体根本受不了这些劣质食物，他吐了。到了睡觉时间，他回到房间查看有没有打扫干净，发现床上有臭虫，很多只臭虫大剌剌地在床垫上爬。几小时后，他病倒了，染上恶疾，浑身斑点而且还会流脓，简直惨不忍睹。在他最后的抗争中，他被豪华旅馆驱逐出去。据我们所知，这是他所谓不注重卫生的结果。经过大厅时，他讽刺地谢谢旅馆主人让他感受到欢迎。“你是谁？”对方问他。“谁也不是，”他自我解嘲地回答，“我是无名小卒。”

连连遇上这种夸张倒霉事的概率，似乎微乎其微。由奥斯卡金像奖最佳导演史蒂文·索德伯格（Stephen Soderbergh）执导的《十三罗汉》（*Ocean's Thirteen*）就是一部关于拉斯维加斯赌场旅馆的电影。片中鲜明细腻地描绘出，运气与旅馆之间有着剪不断理还乱的漫长关联。我们最常把赌场旅馆联结到运气——试试手气的诱惑吸引客人放手一搏，像是吃角子老虎机或者轮盘赌。但是在《十三罗汉》里，那位“无名小卒”的噩运却是精心策划的一个布局，为的是搞垮一家赌场旅馆的大好鸿运并令其声誉扫地。他当然不是无名小卒，他是一名评论员，被派去评估旅馆的设施与服务，以判断其是否有资格获得“五钻”奖。片中角色丹尼·奥申（Danny Ocean）的神偷诈骗团队刻意让这位评论员此行注定带衰，他们打通一切环节：冒充客房服务生、让腐败食物落入他餐盘中、在他房间内灌满虫子，甚至还花钱找人扮演那位VIP……全都为了确保某个卑鄙小人所把持操盘的这家耍老千的赌场旅馆无法通过评鉴。

就在操控评论员运气的同时，“瞒天过海”团队也正进行着恶搞赌场的精巧布局。为了摧毁这家在赌城大道上向来赌运亨通的赌场旅馆，他们要想办法让赌场内除了赌场庄家，任何其他赌客全都赢钱，而且大赢特赢。一名团队成员去了趟墨西哥，找到替该赌场制造骰子的地方，将某种新技术聚合物注入骰子内，好让他们可利用打火机开关来操控骰子；另一名同伙则色诱旅馆人事总监，以便暗中将一枚磁控管安装在距离赌场地下室的超级电脑不远处，用来确保赌场不能作弊——也就是说，不让赌场赢钱；该团队还引进两台足以制造人工地震的大型隧道钻孔机，他们希望在赌场电脑重新开机、恢复正常前，大赢特赢的快乐赌客们能在恐慌中带着赢来的钱尽速离去。他们付出许多努力，细想完善，因为他们晓得，倘若不能釜底抽薪的话，极可能落得全盘皆输。换言之，他们要和赌场系统作对，因为只要客人赢钱，就等同旅馆赔钱。

这是该系列电影的最终部，当然，这也是丹尼·奥申长期以来在赌场旅馆从事博彩游戏理所当然的终点。在1960年的《十一罗汉》（*Ocean's Eleven*）以及2001年的新版中，奥申的行骗团队决心在赌场旅馆大发横财，让赌局全然朝着对自己有利的方向发展。他们计划在除夕夜行窃，事前工作包括重新配置所有拉斯维加斯赌场的电力系统线路，然后拆除为赌城大道上所有赌场供电的输电塔。拉斯维加斯在除夕夜的午夜时分突然陷入黑暗，赌场出纳存放现金的铁笼被打开了，奥申的团队便收集他们的成果。群贼将到手的钱暂时储放在旅馆垃圾箱里，继续收集不义之财，然而他们自此开始大走霉运，不得不将钱藏在一名丧命同伙的棺材内。没想到那位丧夫的寡妇不按照奥申所建议的先将棺材运回加州，却决定在拉斯维加斯治丧。电影最后一幕的画面令人回味无穷，它彻底反映出拉斯维加斯赌场旅馆的传奇性，命运在此发生戏剧性翻转，棺材进了焚化炉，数百万美金连同尸体一起化为烟雾。

1960年的《十一罗汉》电影明信片。这部电影当年票房与口碑双赢，后来也影响了奥斯卡金像奖导演史蒂文·索德伯格，其翻拍成“十一罗汉”系列。

1960年上映的《十一罗汉》是当时公认的成功之作，而2001年的新版《十一罗汉》更是无比幸运，它叙述奥申团队所经历的大得、大失和财富无常转移的故事，后来又拍了两部续集，也就在此期间，电影观众的命运正随着“9·11恐怖袭击事件”、全球经济衰退和华尔街犯下的大规模窃盗而急遽起伏。2001年的《十一罗汉》拍摄预算为8500万美元，票房营收超过4.5亿美元，财务数字着实亮眼，电影评价的空前热烈保障了开拍续集的机会。《娱乐周刊》（*Entertainment Weekly*）称电影中的窃盗情节为十年来最佳抢劫场景；《帝国》（*Empire*）杂志将该片收入其“有史以来五百部最出色电影”榜单。时值令人难忘的21世纪之初，那是观众们对处于变幻莫测中、快速起伏的命运所做的激烈回应，仿佛奥申团队真的一路连胜。不过，就像一名待在牌桌太久的赌徒一样，《十二罗汉》（*Ocean's Twelve*）与《十三罗汉》无论在票房或媒体评价上，表现得都不如第一部理想。尽管如此，每一部电影都是对赌场旅馆作为创造运气之地的礼赞，即使它也提醒我们，每个被标记为“幸运”的人都有一个“不幸”的反面。

《十三罗汉》与其最初版本一样，都属于一种时尚，让人想起“老派好莱坞”的昔日魅力，也是对现代赌场旅馆中的幸与不幸的一种批判。匿名的旅馆评论员和那些赢钱“赌客”的命运各异，或说完全相反，大胆提醒我们，幸运和其反面都是被精心设计的，而旅馆则是一个绝佳的试炼场，不论财富、运气及优雅，全都是被仔细、费心和刻意打造出来的。

在一家赌场旅馆，每间房间各自都是充满可能的绿洲，每个顾客都是一位自主的“客人”，引导出赌场旅馆意有所指的一种迷人生活。成百上千的员工在旅馆的内部深处辛勤工作，以创造这种幸运感。要想抑制这种运作模式相当困难，如本节所述，需要十几名训练有素的专业人员，才足以让一个落单的无名小卒觉得自己缺乏“好运”；但若要让一名顾客“感到”幸运，则要靠几千名散布全球的员工齐心合力才能办到。

◎胜算

任何统计学家都会说，赌场旅馆确实是个对你非常不利的地方。十赌九输，更甭提有谁能连赢满贯。不管在任何赌桌或是吃角子老虎机上，就数学论点，你的胜算都小得吓人。它们都是为主子牟利的设备，绝不对客人手下留情。它们不分对象地消耗节俭游客的个人积蓄和真正有钱人的可支配收入，毫不犹豫地把一个人的希望转换为另一个人的利润。尽管此一事实显而易见，但它们的规模和数量却不断增加，愈来愈多，也愈来愈花俏。事实上，赌场旅馆在本书中神格化，代表腐朽、腐败和剥削的现存体制中最荒诞的奢华。

在这种背景下，运气是一种感觉结构，依附在赌场旅馆主体的钢索和大梁、混凝土与玻璃上。黄金和霓虹灯象征幸运，巴洛克式的造工无所不在，哪怕是一间房、一条街道或一栋建筑，全都喷洒出暗示机运的彩色图符。然而，运气也有它黑暗的一面，在它明亮的色彩背后隐藏着一段黑暗隐蔽的历史，一个严重倾斜的后台现实，而其生产成本由一大群普通人物承担——约翰·鲍维（John Bowe）或许会称他们为不走运的无名小卒，他们不停地为赌场旅馆辛苦劳动。在资本重新分配的伟大引擎中，他们的目标，是要做到让你感觉自己备受关照，让你在一些小事上尝到甜头，就算输了钱、甚至一输再输，你还会想回来。他们把你请到更大的房间，抖松你的枕头，清洁浴室，当你守在吃角子老虎机前，便为你奉上一杯免费饮料，在背景中保持微笑与沉默。

旅馆管理人员无所不用其极地增加赌场旅馆的财富，极为关注并仔细计算员工人数——不仅要掌握强化赌场旅馆获利能力所需的总员工数，还要针对他们在工作流程中每一个可量化的细节进行核算。犹如《赌场经营管理》（*Casino Operations Management*）的作者所言，电脑系统在赌场旅馆营运的各个方面，都是不可或缺的一部分——它不仅可记录博彩区的收入，还可用于处理诸如工资、会计和人事等旅馆行政事务。虽说电脑可协助旅馆管理高效运作，但事实证明人力因素才是管理者最头疼的问题。

人手不足可能导致巨大的收入损失，因为顾客会因此中断赌博去吃点心，精明的旅馆经理需要精确计算出每一段60分钟后，员工需要几分钟的休息时间。根据在职的荷官（发牌员）所归纳的经验法则显示，每工作60分钟后休息20分钟，可让荷官的注意力保持在最佳状态。现场人员的作息时数略微不同，以便让他们维持最佳表现，为赌场旅馆增添财富——休息一小时后，接下来每八小时休息两次，每次20分钟。经过这类仔细的计算，得出一家一般规模的赌场旅馆在正常的一天中维持最佳运作所需的员工数为74.67人，高峰期间则需80人。[1]

鉴于旅馆在现代文化中对四处奔波者及寻求散心的人来说，实属不可或缺，自然而然地，赌场结合了旅馆，为上门的客人创造出难以抗拒的一种可能获得好彩头的感觉。事实上，旅馆与赌场的结合仿佛天生绝配，创造了某种混合空间——“旅馆赌场”，模糊了白昼与黑夜、休息与活动，以及散心消费与赚钱的分际。在这般环境中，氧气直接往赌场空间灌，使得赌客神清气爽；客房服务一路延伸到赌场公共空间，不断地供应食物和饮料，以免赌客因饥渴而停下；里面的采光永远保持一致，让人们分不清日夜时序。客人唯有在解决人类最基本需求时，才会走个几步路暂时回旅馆房间一下。

赌场旅馆所创造的、建构幸运的框架，引起了对现代性如何塑造建筑环境者的强烈关注，其中包括罗伯特·文丘里（Robert Venturi）和丹尼斯·斯科特·布朗（Denise Scott Brown）等建筑创新者。这几位建筑师作家将目光放在赌城大道上触目皆是的耀眼赌场旅馆和霓虹灯图像上，广泛地省思现代性中的建筑样貌及城市扩张，他们那份已被奉为圭臬的建筑文献《向拉斯维加斯学习：被遗忘的建筑形式的象征主义》（*Learning from Las Vegas: The Forgotten Symbolism of*

Architectural Form)，从这片四下蔓延的混合空间中发现，赌场旅馆可供借鉴，作为恰当比喻及教学场所，为现代及后现代时期建筑环境广开思路。当文丘里车行91号州际公路穿过拉斯维加斯——赌城大道的经典原貌，呈现在他眼前的是拉斯维加斯“最纯粹、最狂热”的非凡景观。按作者的说法，“对当今的建筑师和城市学家来说，仔细记录并分析其外形，就跟前人对中世纪欧洲、古罗马和希腊的研究同样重要”。[2]

经由仔细研究现代赌场旅馆，以及环绕周边并促使其成形的都市建筑结构，建筑师将能“定义一种在美洲及欧洲出现的新城市形式，完全不同于我们目前所知”。建筑师们详细研究拉斯维加斯赌场旅馆文化的目的，是以一种“虚心”“非批判性”的方式来理解，从而“开始发展其处理技巧”。诚然，在此过程中更周全地分析旅馆实属不可或缺。若是如同作者声称，“从拉斯维加斯采集大量的建筑资讯”，那么赌场旅馆便是他们的指标素材及日常事务，譬如星尘酒店（Stardust Hotel），作者便给予他们丰富的诠释机会，称之为“赌城大道上最优质的旅馆之一”。尽管典型的赌场旅馆均为复合建筑物，尤其在它们前面不远处总能见到高速公路上的川流与无常，以及不断变动的命运，所以这些赌场旅馆复合体是特定地点独有的景观。“通常不管到哪，汽车旅馆就是汽车旅馆”，文丘里如此评述，然而在拉斯维加斯，汽车旅馆是“城里最灿烂的景物”，因为它必须和周遭环境竞争。拉斯维加斯的旅馆招牌与众不同，它们在建筑与识别符号中大量运用诱导与吸引的艺术。

旅馆在此演绎中成了赌场的共犯，为赌徒及赌场投资客营造非理性的好运感，而且早从一开始就已如此。赌博有着悠久历史，第一次禁止玩纸牌的记录可追溯至1387年，当时西班牙卡斯提尔（Castile）的国王胡安一世（Juan I）因其王室成员在赌博中蒙受严重财务损失，于是下令禁玩纸牌。在欧洲和美国，赌博同时受到鼓励与打压，通常当政府迫于经济压力并亟盼税收时，对赌博也就较为宽容。赌博是个非常幸运的产业，收入源源不断，看似大可抵挡经济衰退。1976年，美国国家赌博政策审查委员会发表了《美国赌博》（*Gambling in America*）报告，读者们震惊地发现，美国每年合法赌博金额达177亿美元，2/3的美国人曾从事某种赌博活动。这种情势并非新近冒出的现象，而是可追溯到美国某一州（内华达州）开始征收博弈税的第一年。自1946年，博弈业总营收2450万美元，到了20世纪80年代中期，则已超过30亿美元，博彩业的年营收增长率平均为15%——相当强劲的投资报酬率。[3]

在很大程度上，旅馆肩负着维系赌场业好运不断的任务。根据马尔科姆·格林勒斯（Malcolm Greenless）的观察，旅馆赌场抵挡经济衰退的一个主因，是能提供全方位的服务。旅馆赌场是非常庞大的实体工场，每家企业的房间数量可从500到3 000不等，营运开销巨大。来自客房的收入一直占旅馆赌场总收入的12%至13%左右，相较于赌场部分占总收入的58%至62%，这种经营模式乍看之下似乎有待调整。[4]然而，这些企业的旅馆规模确保了后勤作业顺畅，可让客人不受干扰地在牌桌和吃角子老虎机前一待就是好几个小时。正如知名的德国风险理论经济专家汉斯—韦尔纳·辛（Hans-Werner Sinn）在《赌场资本主义》(*Casino Capitalism*)中所论述的那般，一场赌局的时间愈长，就愈能确定赌徒将无法收回他/她最初投下的赌本。[5]由于随着时间拉长，客人赢钱的负概率增加，旅馆赌场的好运与客人的好运直接成反比关系，旅馆因而确保了该行业长期的高利润率。

早在1939年，旅馆业者托马斯·赫尔(Thomas Hull)便意识到，旅馆可为赌场带来无穷好运。那时他正开车经过拉斯维加斯，车子爆了胎，在等待修车技工前来的同时，他注意到川流不息的往来车辆满载着进城赌博的人潮。赫尔将这些人的住宿需求与赌博欲望一起设想，便在1941年开张了他的旅馆赌场。虽然此前已存在早期的旅馆赌场，其中最著名的有1931年开业的“梅多斯晚餐俱乐部”(Meadows Supper Club)，其博彩区旁曾设有100间客房。然而梅多斯晚餐俱乐部从一开始便霉运连连，开幕还不到一年便毁于祝融，那是因为它的营业据点超出了城市范围，消防员拒绝介入的缘故。

当时赌博业已与好运画上等号，赫尔正是躬逢其盛的第一人。在赫尔的后继者中，很快便出现了像巴格斯·西格尔(Bugsy Siegel)*这样的商人。1941年他来此开设了第一家豪华的旅馆赌场，借由接管并重新翻修“火烈鸟”旅馆及赌场(Flamingo Hotel and Casino)，隆重开幕后吸引了有钱游客前来寻求财富迅速增加的机会。起初，旅馆赌场的资金完全来自赫尔及西格尔等私人投资者的风险资本，但是到了20世纪50

* 译注：巴格斯·西格尔(Bugsy Siegel)，本名本杰明·“巴格斯”·西格尔，是一名犹太裔美国黑帮头子，也是赌城大道发展背后的推动力。

年代，旅馆赌场经营成功反映在其高利润率上，则吸引了像是吉米·霍法（Jimmy Hoffa）*等外部金融家的注意。

霍法这类的投资者毫不讳言地指出，长期以来，对那些想把好运扩大到法律以外的人来说，旅馆赌场一直都是他们高投资报酬率的投资工具。早在1932年，卡森市立监狱（Carson City Prison）的囚犯便曾成功疏通狱方，让他们开设牛庄赌场（Bull Pen Casino）。牛庄是一家完全由囚犯经营及光顾的赌场，庄家通过征税的方式将一笔固定金额捐给囚犯福利基金，但自己保留利润。相对地，囚犯们在21点、骰子、轮盘赌及扑克牌桌上拼搏，试图通过赌博赢钱来转化被判长期监禁的噩运。牛庄赌场的"旅馆客房"其实就是囚房，但基本上差异不大——他们有着大把时间坐上牌桌，赌客们在此心无旁骛地专心赌博。

如同牛庄赌场的例子所呈现的，旅馆赌场究竟为来客创造的是好运还是坏运，一直都是学术界争论的火热议题。事实上，旅馆赌场强而有力地震慑住运气这种概念（无论好运或坏运），乃至于伟大的英国宏观经济学家约翰·梅纳德·凯恩斯（John Maynard Keynes）早在1936年便创造了"赌场的副产品"一词，指的便是人们对未来强烈不安时，所感受到的一种虚假信心的状态。

凯恩斯在其著作《就业、利息和货币通论》（*The General Theory of Employment, Interest, and Money*）中，详细叙述

* 编注：吉米·霍法（Jimmy Hoffa），曾任美国卡车司机工会主席，是美国工运史上最出名的人物。

了当个人因怀疑未来前景而焦虑，转向不负责任的消费行为过多、而非选择投资保守的安全资产，这对一个国家及其资本发展将造成大规模影响。面对压力时，人类会一时冲动（而非无作为），失去理性地押上身家孤注一掷，全然不客观权衡安全投资的量化效益及胜算。[6]因此，厄尔·格里诺斯（Earl Grinols）等当代经济学家认为，与赌博相关的国家政策极为不负责任。州政府与联邦政府为旅馆赌场合法化护航时，并未进行过客观的成本效益分析来验证此主张，而将之当成发展当地社区经济的手段。格里诺斯的分析结果显示，旅馆赌场运行的代价超过其所产生的效益三倍之多，在他的分析中，所产生的社会代价有犯罪、破产、自杀、疾病，以及监管与社会服务成本，证明旅馆赌场为所有人创造的是更糟的噩运。[7]

旅馆赌场在客人身上精心挑起的这种情感泛滥——不顾一切冒险、将安危抛诸脑后，这是赌场旅馆的公然存在让某些人情感上出现强烈愤怒的主因。历史学家杰克逊·李尔斯（Jackson Lears）指出，赌博的流行通常被视为对公共历史道德的一种扭曲。在此普世价值中，每个赌场都是腐败的前哨，每一个造成损失的悲剧故事都是个人堕落及国家衰败的寓言。

然而，这个印记不过是焦虑的官方叙述，由具控制力及主导性的文化撰述，旨在创造一个简朴、刻板、严肃而清醒的世界。李尔斯再次提醒我们，机遇和运气，黄澄澄的赌博机器与光鲜的赌场旅馆，代表一种具颠覆性、交替性的“传统”。如此传统欢颂着在强烈自为下的巴洛克式享乐，庆祝一切来自金色镀铬赌博机的狂欢，以及所有霓虹灯、电子喇叭与铃铛制造的喧哗，将赌场旅馆想象为自我解放的号志。[8]然而对我们来说，这两种看待与思考旅馆的方式，都暗示着它的使命本就是为客人制造自为感受，只不过得付出巨大的社会及物质成本。毕竟，希望是一种稀有而难以制造的事物，它的寻求与生产成本极为高昂，为了将之贩售给客人，成本必须加以控制，而且要控制得不露声色。

◎机遇

美国大西洋城的波哥大旅馆赌场及水疗中心（Borgata Hotel Casino and Spa）便是善用此成本并付诸行动的例子。

波哥大旅馆包裹着一层黄金色调玻璃，楔状造型的建筑将天际线一分为二；波哥大旅馆和它迷人的员工一样，戏谑似的抛出大量“幸运”承诺来撩拨客人的好奇。每间客房的淋浴间都设计为“双人共享”，所有的床都是大号或特大号双人床。枕头的一面印有“今夜”，另一面则印着“彼夜”，这种暗示再明显不过——带情人来此金色宫殿（或许找个新情人），享受双重幸运。整个旅馆从里到外，连同员工，全都打理得光鲜亮丽，譬如“波哥大宝贝”，可谓“集时尚模特儿与侍酒者于一身，同时身兼迷人的侍应生角色。他们全都可爱得令人屏息”。这些波哥大宝贝全都身着无领黑色短衫，毫不吝啬地露出胸口，犹如性与好运的活图腾般来回穿梭。他们是波哥大旅馆的公众形象，名气大得足以当成旧时校园宿舍的挂历插图，在外人看来，他们是旅馆的特使，巧妙地融合了性与运气。

旅馆的人资副总凯西·法尔曼（Cassie Fireman）称这些宝贝为“穿着时髦的酒侍”，并指称波哥大旅馆是个“有趣、高档、充满活力与感官愉悦的环境”。然而这是完美的表象——私底下，旅馆要求受雇为波哥大宝贝的女性保持她们“自然的沙漏形身材”，并且体重必须维持在不超过她们受雇时体重的7%。这项体格要求，经由锻炼、饮食和任何必要手段来维持此般光鲜亮丽，是一项强制性的体制使命。法院裁定，一旦这些受雇为性偶像的人变得不太性感、不再完美，是可以被解雇的——当他们无法干扰男性赌客的大脑，让其不由自主地感觉“走运”的话。

布莱恩特·西蒙（Bryant Simon）提醒我们，波哥大旅馆的金色楔形建筑代表一个围墙圈起的绿洲，隔开了“日常生活中对工作及家庭、犯罪与城市街道的担忧”。位于大西洋城下方隧道尽头的波哥大旅馆是一个“小村庄”，由一间水疗中心、一家旅馆、一座赌场与一些餐厅共同形成的巨大镀金结构。西蒙指出，人们的目的地是波哥大旅馆，而非大西洋城，意味这个建筑群对反乌托邦式地方经济的影响，仅限于创造少许象征性的就业机会。这个以富人（或即将发财者）为目标客群的冷酷世界中，没有余额招募邻近的穷人及绝望人口，训练他们成为笑容满面、意气相投的接待人员，也更别指望波哥大旅馆敞开大门为周边社区发展尽心尽力。赌场旅馆或许是一个革命性的自为象征，但自我再造的奇迹仅发生在客人身上，发生在那些穿越隧道、在停车场停好车，走进此一机器的付费客户。走出建筑，每个人都十足享受地浸淫在玻璃反射的和煦阳光中。[9]

赌场旅馆包围在周遭荒芜、废墟般的城市中。这便是波哥大旅馆的景况，一如小说、电影及大众文化中所呈现的。附近只住了屈指可数、在赌场旅馆工作的中产阶级，宛如垃圾堆里的钻石。

比方说，《犯罪现场调查》（*CSI: Crime Scene Investigation*）剧集的首季就发生在拉斯维加斯，从眼花缭乱的赌场内部世界一路迷航般地转移至周遭城区中令人不安的工薪阶级景观。镜头在室内的黑暗死角和光明大放的外部交互取景，《犯罪现场调查》想象出一个处于运气与致富的企业间不平等的世界架构，这里头五光十色，一切按阶级划分。赌场好比强大的财富发电机，但它们不是传播经济繁荣的生产者。确实，正如西蒙及其他许多人所言，它们创造阶级差距的功夫要比化解阶级分歧的能力强太多了。大西洋城有超过30%的居民生活在贫穷线之下，在拉斯维加斯的赌城大道周边，贫穷率更高达50%。这些都市空间的建造是为了方便人们进入一个坚实的黄金内部，通过一条封闭的进出通道区隔开最惨不忍睹的悲苦。剧集所呈现的是象征半个世纪以来对拉斯维加斯和大西洋城的典型印象，原本打算让此阶级划分现象昭然若揭，不过看来效果不彰。

偌大的城市背景下，命运逆转来得突然、戏剧化且明确。就像在波哥大旅馆十周年庆典前夕的案例，发生得既迅速又决然。三名男子穿着不合当季时令的厚重毛衣及夹克走进波哥大旅馆，一路穿越大厅，抵达波哥大珠宝店。监视器画面显示这三名穿着超大号装束的男子穿过灯光明亮的走廊，从身穿浅色T恤的客人身边迅速走过。接着出现了很典型的“砸橱窗抢劫”，他们砸破玻璃展示柜，捞起一把劳力士手表，然后匆匆离开现场。外头有部黑色车辆等在那儿接应，这群人带着闪闪发亮的手表，坐上一辆没有车牌的车子冲进黑暗之中。报纸上的报道指称，虽然小型窃案在人行步道上很常见，但是波哥大旅馆在设计上，是个“远离危险”的地方。[10]统治阶级的代言媒体《富比士》杂志担心在阶级边界上的“砸橱窗抢劫”袭击，将成为将来的犯罪典型。珠宝商安全联盟（Jeweler's Security Alliance）主席使用带有种族色彩与社会经济性的制式语言，暗示由“大量男性”犯下的“三分钟抢劫”在美国东岸愈来愈普遍。[11]

要是说波哥大这样的赌场旅馆可作为旅馆转移运气的能力看似无限——短短数秒内戏剧性且无可逆转地转变现代人的财运——那么这个有关运气的故事还没结束。的确，赌场旅馆提供给个人及企业一种广泛且看似无限的运气场，它就像蛹状的避风港和惯习所，让人可在里面安然自在地创造财富，而风险投资者则可对新的创意与发明掷骰子，不论旅馆是否附设赌场。这项观点清晰呈现在位于麻州剑桥亚历山大创新中心（Alexandria Innovation Center）的“科学旅馆”中。科学旅馆是亚历山大地产控股公司（Alexandria Real Estate Equities Inc.）针对生命科学产业的四大主要创新性专有产品之一，主要通过旅馆长期存续的能力，推出新类型的社交与想象的机会。科学旅馆为草创阶段的生命科学新创企业提供所需的实验室空间、办公套房和共享的服务及便利设施，租期比一般办公大楼短，降低了阻碍早期新创企业的门槛与开销。[12]就这样，科学旅馆提供临时庇护，让草创阶段的公司在生命科学创新的赛局中便先声夺人，旗开得胜。

亚历山大公司的事业领域远远超出房地产，正如旗下的科学旅馆所昭示的那般，它更是道地的“创新使徒”。根据创办人乔尔·马库斯（Joel Marcus）指称，其经营理念是，在一个即将举世闻名的学术团队及医疗机构，与精明的资本及干练的管理相结合的建筑环境中，最能实现改变生命的突破与发现。如此这般，亚历山大公司在麻省理工学院及哥伦比亚大学等顶尖学府附近创建了一个确认可行的独特生态系统。这种“群聚模式”将科学、人才、资本及地理位置凝聚成一个动态的整体，从而增进发现与商业化的速度。亚历山大公司创造了既真实又具想象的空间，目的是孕育发现，并将新知识转化为商业上的成功。换句话说，此举将极其显著地影响投资者、研究人员和亟须医学新知者的财富。

就好比赌场旅馆是赌桌上那群人幸运的关键；同样地，科学旅馆乃群聚模式的主要依靠。新创企业必须提出申请才能进驻旅馆，当它们完成入住手续后，旅馆软件系统会订购所有员工需要的物品，减少员工分心，以将时间有效运用在手头上的工作。这一点就跟赌场精心差遣饮料服务生及侍者，激励赌徒尽可能长时间地聚精会神于骰子桌一样，所有的一切都是为了让那些努力工作的人全神贯注于手上的任务，追求下一个重大、时间紧迫的医学突破。无论是对轮盘赌桌上放手一搏的赌徒，还是实验室里为下一个重大想法而冒险孤注一掷的研究者，旅馆都能将他们安置在一个纠结了风险、财富，当然还有机遇的混合世界中，这已成为现代文化的典型。

正如赌场旅馆能在市场剧烈起伏时存在并撑起充满活力的博彩业，科学旅馆是生命科学群聚模式概念中的核心，同时协助亚历山大公司及其客户塑造可观的大好财运。对金主而言，赌场旅馆和科学旅馆雷同，都是相当有利可图的投资项目。按马库斯的说法，亚历山大“无私忘我的员工”在房地产业界实属罕见，很大程度上造就了该公司杰出的、几乎等同传奇的成功。亚历山大的群聚在东西两岸，如波士顿、纽约及旧金山等热闹都会都有据点，在不同的地区、当地文化，及歧异的经济环境中皆已取得重大成功。事实上，马库斯为公司能够进入一个地区并迅速在该地区从无到有、创造成功的群聚而感到自豪。

如此一来，这些独当一面的据点感觉上就像是拉斯维加斯的百乐宫酒店或巴黎酒店——在自成一格的世界中，免于外在干扰，创造一个育成环境，让运气够好的人从中得到机会，暂时安顿在旅馆的庇护伞下。就跟用来对照的赌场旅馆一样，数字说明一切：亚历山大公司在全球拥有超过1700万平方英尺的空间及175处房产，是投资人眼中的梦幻企业，在纽约证交所交易频繁，2013年第四季的财务数字市场上人人看好。[13]

◎优雅

就像亚历山大公司的科学旅馆所表现的那样，即使出了沙漠，离开绿洲，有旅馆的所在，幸运就无所不在：它出现在接待人员适时为你打开大门，或雨天外出随手从门边拿起的伞，或是办理入住时柜台上的新鲜饼干或苹果，不管当你想要点什么时，它总会应声出现。毕竟，幸运只是优雅的一种延伸，是一种人类手工制作的感受，由1000名仆人在旅馆内部及更广大的商业世界中精心制成，他们每人领着最低乃至更低的工资，但生产效率与汽车装配线不相上下。这1000双手，套紧床单的每个角落，擦拭厕所，摆放薄荷糖与洗发精，因为有这一切，我们才得以在任何旅馆都能感到幸运，也因而感到优雅。

最后，这也是旅馆伟大工作的一部分：不仅将狂欢派对围绕在四面铜墙铁壁般的钢梁与砖瓦玻璃结构之中，同时也限制其级别。李尔斯和福柯这些与众不同的哲学家提醒我们，现代世界的故事是一场快速合理化的过程，与此同时，偶然、奇幻、无序的前现代主义正愈发炽烈地被审视、评估、重组，并剥离其早期的鲜明含义。

我们要记得，旅馆既古老又现代，亦旧且新。而它所扮演的一个命定的十字路口亦然。所以说，旅馆是如此高效而微妙的感受制造者——非理性的感受好运以及绝望。如此这般，我们充满想象地从各地的旅馆感染无比丰富的情绪与感受，深信它们是带来意外之喜、魔力以及幸运的地方。更重要的是，我们深信不疑。

在人们逐渐淡忘的一部电影《缘分天注定》(*Serendipity*)中，男女主角初次邂逅的场合并非旅馆，而是百货公司，然而一连串巧妙的天意安排，让他们醒悟彼此间注定的缘分。对命运抱持怀疑态度的两人，展开了一系列的测试——她在一张五元美钞上写了名字，然后走到市场把它花掉，而他则将一本签了名的小说《霍乱时期的爱情》（*Love in the Time of Cholera*）当作信物。然而在百货公司萍水相逢时激发的强烈情感，最终在旅馆得到印证。他们将彼此的爱慕情意交由搭乘旅馆电梯来决定——倘若两人碰巧都按了同一楼层，那么观众早轻易看出、明摆在眼前的事实自然不揭而露。未料好事终究多磨，冒出了另一名旅馆客人。一个小男孩从中作梗，硬是让电梯蜗步爬升，使得这场最后的确认无疾而终。我们在电影中花了大半时间留意纸钞与小说的下落，寻找李尔斯所说的优雅、运气和命运的其他象征，那是在经历考验之外的另一种传统。到了尾声，一间大家都知道的旅馆让他们相聚。当这两个小人物在华尔道夫饭店的偶遇引发了一连串事件的多年之后，有情人依旧终成眷属。我们的这位女主角住进旅馆，觉察到她的真爱就在不远处等待。可敬的华尔道夫饭店，幸运的泉源，确实是个带来好运的地方。

《缘分天注定》或许是部微不足道、剧情不合逻辑的电影，不论其剧本或票房都乏善可陈。不过，作为旅馆经典文化历史的一项表述——其中的偶遇和命运的错综纠葛——足以与票房冠军《十一罗汉》遥相呼应。两者都让我们想起旅馆带有的某种特殊魔力，以及与旅馆相关的成千上万的短篇故事、亲身经历、“猫途鹰”的评价、小说及电影。与其将魔法浪漫化，不如我们问问自己，它反映出何等历史，是怎样的机关促发了魔力，而我们又为何如此渴望相信这样的地方会继续存在。

旅馆可以作为悲欢闹剧或疯狂世界故事情节的背景，这种想法由来已久。《乱七八糟旅馆》（*Hotel Topsy Turvy*）是世纪之交的一部舞台剧，描述客人在马戏团乌合之众随意管理的建筑中的经历，其中掺混了杂耍与情节剧，预示时下“旅馆地狱”的低俗景象。

第八章

失落

我们在上一章了解到，旅馆这个地方，别的不提，仅在入住和退房之际便创造或消亡了命运，使得此地充满了希望、欲求、乐观以及绝望等强烈情感。我们认为，旅馆为那些积极寻求向上攀升的人所提供的另类幻想，远比国家所能给予的社会福利来得丰富。诸如赌场旅馆和科学旅馆这样的旅馆，创造了经济生态系统，客人试图从中彻底重新定义他们和资本主义的关系，以及他们在社会经济制度中乃至世界上的相对位置。

然而，客人时来运转之际感觉良好，不过是关于感受以及旅馆这个更大故事的一部分。由于旅馆能够、也确实会在客人对其社会经济地位与世界特权的认知上造成同样戏剧性而直接的负面情绪，所以在这最后一章，我们将特别探讨失败的旅馆服务——当旅馆无法或不愿兑现提供休憩、恢复及身心愉快的承诺，以及当它似乎故意甚至恶意阻挠运气时，会是何等景况。我们认为，这股逆流是旅馆成为一种全球化产业时，经常遭到忽略然而至关紧要的一个面向。在这章所描绘的俨如地狱的旅馆，在想象中，对于现代旅馆发展的重要性和所提供的日益奢华的住宿及改善的幻想实为不分轩轾。事实上，在介于天堂与地狱的辩证之间，存在着旅馆历久不衰的魅力与活力。

对一间旅馆最糟的比喻，莫过于说它活像个地狱。如卡特旅馆（Carter Hotel），在它简陋的网站中，介绍这家旅馆可以为来纽约的节俭游客提供一个落脚之处。“省钱之乐”在此作为号召，网站上推出“热情的款待与服务”，大方地将在此现代主义建筑中过夜说成“与曼哈顿传统旅馆截然不同的、独特的迷人经验”。[1]几张昏暗不明照片中的现有房型显示：房间简朴、内部冷清，取代客房服务的是大厅一台小小的点心及饮料自动贩卖机；此外，正对床头紧嵌着一部四方盒状小电视，不是大型平板电视；在网站上，能看清楚的只有截取自一张老掉牙的明信片的旅馆外观图片，以及一幅区域鸟瞰图。旅馆室内空间的图像相对来说，看起来苍白无力。

卡特旅馆经常被列为世上最差的旅馆之一，使它成为负面的研究题材。这家位于纽约剧院区（Theater District）的中型旅馆，褐色的砖墙立面招徕都市尘埃驻足，仿佛被上了一层保护色；破旧的窗型空调隐约显示房内的状况不太宜人；建筑外观就美学而言极度简单、平凡，以至于很快便让人遗忘。整栋建筑曾经算得上是大型建筑物，上半部分有些小小的装饰艺术，但现今已陷入邻近摩天大楼的阴影中，因而显得太过微小，难以欣赏。随着年岁增长，卡特旅馆看上去不带戏剧色彩，倒是没有令人感到害怕，或变幻莫测，或可笑，反而显得一片空白，呈现出乏味与伤感。但是对于在该处街道的迷茫中寻觅廉价住宿的旅客，它那发光的小招牌不失为吸引目光之物，悬于上方的霓虹灯红光闪烁，邀请游人进入。在光芒映照的招牌中，以草书体标示着:“卡特旅馆,欢迎来到时代广场!”

伴随大量旅客的亲身经历,卡特旅馆的恐怖名声在网络上广为流传:保守派的政治评论家格伦·贝克(Glen Beck)在他的电台节目中曾特别提到这家旅馆。线上旅馆评价网站“猫途鹰”定期将它列入“全美最脏的旅馆TOP10”榜首。一些人回忆说,它曾被用作低收入住房,长期处于财务周转困境,其早期历史更是充满了自杀的印痕;目前看来,它为当地妓女提供的服务,远多于那些寻求避开拥挤交通及建筑喧嚣的客人。

“除非你是个寻找新疾病的生物学家,不然不会住进这家旅馆。”有篇文章开头便如此说道。“卡特旅馆大厅,”另一人总结道,“装饰着镜子和一串串红吊灯,让你想起20世纪70年代一家糟透的迪斯科舞厅,在那里你几乎可以想见有个身穿白西装、别着金胸章的男人在大厅闲晃,哼唱着‘瞧我走路的样子,我可是大众情人’。”网络评语不断反映房中的电视不济事、发现死老鼠和蟑螂、凶巴巴的员工无所事事、出租房间没有毛毯、床单不干净,啥都没有。就算推荐住房的人也语带保留,只说价格便宜要比房间干净重要,并敦促旅游同伙索性眼不见为净,然后早早离去。一名英勇的《今日美国》(*USA Today*)记者在2009年1月的撰文中提出:“住到这种环境之前需要事先规划,是否备妥能阻挡臭虫的丝质睡袋?有。是否自备家中带去的瓶装水与毛巾?有。睡袍呢?呃,没有。”卡特旅馆传出有大量害虫及可疑分子出没的消息,所以最好穿着衣服睡觉,以防万一需要夺门而出。[2]勇敢的卡特旅馆住客描绘出一个人间地狱,在那里任何争取干净毛巾及消除害虫的要求永远遭拒。

话说回来，卡特旅馆并非哥谭市（Gotham）（纽约的诨名）所独有，也不只是哥谭市阴暗面的必然结果。美国西岸的福特旅馆就由于一大堆完全不同的原因，而被冠上“地狱旅馆”的暧昧封号。这家位于洛杉矶的旅馆始建于1925年，长期以来一直是该市最恶劣的贩毒场所，也是缺乏医疗保险的精神病患、瘾君子、帮派成员和家庭虐待者的大本营，2008年被SRO住房公司收购，作为重建社区以及为精神疾病患者提供负担得起的住房。福特旅馆的过往经历非比寻常，以至于它的治安记录被形容为读来就像贫民窟强效可卡因贩子的犯罪档案。

两名19岁的前住民回忆起福特旅馆的生活，其中一名在该旅馆自力更生长大，他们的叙述中不乏血腥、暴力与自杀等恐怖追忆。在这两个福特旅馆的生活故事交流中，还包括看见一个像妈妈的女人被刺杀身亡，以及听到一个女人砍掉丈夫生殖器、杀掉虐待她的丈夫所引起的骚动。当他们看到阳台，随即想起一名妇女，当时她在六楼阳台抛下九个月大的女儿，然后跳楼自杀；另一名男子从相邻的窗户跳出，但还没落到地面时，卡在半空中的带刺铁丝网里。最后，有名访客走到他原来的房间才想起隔壁那男子，他轰爆自己脑袋，一星期都没人发现，直到尸液从房门下渗出，开门进房的人差点就踩到他的脑浆、血泊、蛆虫和腐烂的尸体。[3]

这份骇人的犯罪记录最后逼得洛杉矶市不得不采取行动，对福特旅馆的老板——住在比弗利山庄的黑心房东——进行制裁，才把这家人们口中的“旅馆地狱”改头换面，转变成一处重新装修、井然有序、经过加强消毒的避风港，那些不幸的人仿佛曙光乍现，在新而有序的福特旅馆中开始对未来感到乐观。一名男孩走进他那重新装潢后的房间时，不由得对转变力度之大惊叹连连，直呼“这简直就像天堂”。当问到他现在福特旅馆一个房间的费用时，他开始盘算起自己的将来——其中包括“找份工作”，当名技工、厨师、艺术家，或武术教练都好。[4]

旅馆以乌托邦的姿态展现出一个理性的组织空间，设计达到最大程度上的舒适与利润、周到与滋养。然而这种表现取决于能够防患不寻常、无法预期，乃至令人惊恐的事物发生。旅馆通过效率分析、员工打卡钟、旅馆最佳实务，以及例行的打扫、洗洁与客房服务来体现此等防患。如今这项纳入旅馆研究中的课题，已成为一门正式学科，也形成旅馆本身广告及消费结构的过度充盈与满足之滥觞。它化身为严格的门房、监视中的保安、高调的巡警、清洁人员多疑的目光和多事的邻居，这支部队为提供极度渴求的私人舒适而成军。然而这种防患的努力总是处于惨败的边缘。乌托邦永远处于走错方向的临界，总因其过往中仿佛不顾后果、不受约束的旅者及捣蛋鬼共同形成的阴影而深受困扰。当那种失败发生时，当一家旅馆曾经的过去和无法避免的将来撕裂本该呈现的秩序时，就可能像卡特旅馆及福特旅馆让人联想的那般，变成人间地狱。

在最坏的情况下，地狱般的旅馆是对理性及秩序的主权统治的荒诞逆袭，引用米哈伊尔·巴赫汀（Mikhail Bakhtin）* 所言，这是对正常及预料之事的一种狂欢式的重新想象：理当

---

* 译注：米哈伊尔·巴赫汀（Mikhail Bakhtin），俄国的现代文学理论思想家。

干净的房间变得肮脏、污秽，令人难受；安全之处变得危险，甚至难保性命；理性建筑内的空间变成某种如假包换的战栗之屋。在这些狂欢式的荒谬与完全逆转的惊人时刻，我们或许已进入类似耶罗尼米斯·博斯（Hieronymus Bosch）*绘制的慑人场景。此般景况下，一度赋权且总受珍视来自客人的连声抗议，不仅是特权阶级成员发觉自己骤然丧失“权利”而发出的怒吼，更是一段长期压抑但从未抹灭的地下历史之明证。旅馆成为无政府、无章法的运作机构，充满危险、诙谐、猥亵以及纷至沓来的惊人呼喊与可能。巴赫汀指出，在这种看似混乱的局面中，有证据表明存在着另一个具意义和价值的替代性宇宙。那么，地狱般的旅馆便是世界突然天翻地覆、看似不可逆转的主要表现形式；而理性或“正常”的客人，是现代性的积极推动者，与他或她的对立者进行对话，在面临浩劫时竭力保持镇静。

恐怖片，以及某些以谋杀悬疑、警匪推理或间谍惊悚为题材的电影，利用旅馆在秩序与混乱间危机重重的情节起伏作为叙事手段——旅馆在此似乎有着无限能力，既为逃犯提供慰藉与安全庇护，又为那些在前台办理住房、道貌岸然的公民提供多彩多姿的施虐实验室；在精神错乱、绝望或堕落的人们手中，旅馆很快就被重新塑造为一个作恶多端的游乐场，包藏那些无法容于现代生活中合法公共及私人空间的各种恶行。因此，以旅馆房间作为血腥大屠杀的意外现场，业已成为通俗小说及电影的惯用手法，这些吓人的揭露时刻，有意让目击者

* 译注：耶罗尼米斯·博斯（Hieronymus Bosch），15世纪荷兰画家，其多数画作均为描绘罪恶与人类道德沉沦。

在一种与他或她周遭的关系横生变化中崩溃，突显我们认知世界的能力一瞬间荡然无存。上升到一半的电梯突然停下、逃生梯上的追逐场景，还有旅馆房门关上时发出不祥的咔哒声，全都是此叙事环节中不可或缺的一部分，带着目击者从常规到混乱，通常，再重回我们想得知的世界。

然而，这些现代人所依赖、视为都市景物中自然出现的事物突如其来地崩裂，并非仅出现在虚构的小说中。卡特旅馆中的杀戮虽然规模较小，但也不遑多让，同样凸显出一系列类似的破坏：浴室洗手台流出褐色的水、床垫及墙壁上的不明污渍、夹层间不断传出老鼠爪子的括凿声、床上的臭虫和蟑螂、坏掉的电话、没有客房服务，以及只有冷水的淋浴间。我们也从日常争斗的体现中看到旅馆挺身对抗资产阶级顾客，摧毁这些骄客习以为常的权利。在无数匿名旅客的怨叹中，我们震惊地认出、也不安地意识到有许多糟透的地方是我们应当敬而远之的。同样地，这也是具破坏性、一连串不同事故可能发生的地方。

尽管这些庄严的揭晓时刻充满戏剧性，但它们通常是更大叙事的一部分，其中善与恶的力量为了主导权而争战。倘若旅馆是上演这出戏码的舞台，那是因为具备近乎无限的可塑性—— 通过它无与伦比的能力，可轻而易举地将明显是替公民国家机制打造的空间，借尸还魂般地转变为邪恶孪生体的空间。在此例外状态下，人权乃借由竞取博得，而公民自由则返祖似的变回一种古早、无知时期的罕见之物。在此范围的一端，旅馆发挥绿洲的功能，而在另一端，旅馆中的行径由于太过不可告人，以至于不能摊在阳光之下。如同“终极庇护所”

(ultimate asylum)一词具有的双重意义，旅馆要不就是天堂，要不就是地狱，视情况而定。这里所谓的视情况——恒常的善变性、可变性及教唆性——便是我们在下文将关注的。

◎混乱

说到地狱般的旅馆，最匪夷所思的情节都出自恐怖电影，自然而然地形成一个惊心动魄的荒诞世界。现今已成为经典的电影《惊魂记》(*Psycho*, 1960)中，一名从危机中出逃的仓皇旅人，躲进偏僻凄凉的贝茨旅馆(Bates Motel)，却落入身心饱受折磨的精神变态旅馆老板的魔掌下。在电影《闪灵》(*The Shining*, 1980)中，一个家庭负责在孤单寂寥的凛冬之际看管一家度假旅馆，不知不觉地陷入无法解释的疯狂。纵然《地狱旅馆》(*Motel Hell*, 1980)一片给人乖张的廉价感，但全片在结构上充满摄人心神的氛围，冥想出乡村旅馆中的掠杀空间，你也可以把它想成一个专门供应活人血肉的人类陷阱。另外，《人皮客栈》(*Hostel*, 2005)也有共通之处，三名青年前往欧洲进行一场放纵之旅，不期然地成为恐怖人肉市场的猎取目标，他们的迷人肉体即将遭到血腥凌虐。

以上都是主打噩梦般体验的类型片，但是并不能仅将其归咎于无能、管理失当，或针对都市中穷困者的悲惨现实。归纳起来，它们改变或局限了狂欢本质，在一定程度上剥离其革命性动机，并将之转变为无法解释、也无法理解的一种不可名状的产物。这类对旅馆怪异而血腥的通俗描绘，往往把焦点放在掌控与释放之间的辩证关系上，将“闹鬼”旅馆中的善恶之争化约为超我与身份之战的一种隐喻。

电影《1408幻影凶间》（*1408 Phontom Horror*, 2007）中的主角迈克·安瑟林（Mike Enslin）是一个惯用阴森房间及阁楼为创作场景的愤世嫉俗作家，他已然对超自然现象嗤之以鼻。他意外收到一张正面是海豚饭店（Dolphin Hotel）图像的未署名明信片——电影中告知，这是家和广场饭店及卡莱尔（Carlisle）饭店齐名的旅馆。明信片上潦草难辨的字迹短短写道：“千万别进1408号房。”安瑟林对此深感好奇，经过打听与调查，他得知曾有许多自杀及无法解释的死亡全都关联到同一个房间——1408。旅馆的其他部分看来相当标准，或可说是正常。安瑟林见到旅馆经理杰拉尔德·奥林（Gerald Olin），对方告知曾有56个人死在1408号房，然后拿给他一把万能钥匙（片中告知电子房卡无法打开那个房间）。他在1408号房安顿好后，开始做起笔记，细细研究房中种种，然后语带尖酸地评论房内过时的艺术与老旧的家具。房间的邪恶缓慢而冷酷地现身，先是闹钟失灵，窗户就这么凑巧掉落并砸到他的手，接着他被洗手台滚烫的热水烫伤，情势更加恶化，没有好转迹象。还不到一小时，安瑟林便身受重伤，血流如注。尽管眼看就在死亡边缘，他依旧是个超自然笃信者。

在他的信仰回复之前，奥林曾在海豚饭店美轮美奂的大厅中面对安瑟林这个酗酒、可笑而邋遢的打探者。仪表堂堂的奥林穿着讲究，还说着法语，我们因此将他解读为一个世界级公民。起初奥林拒绝安瑟林使用1408号房，恳请他另外选择，期望他理解旅馆管理者的用词（或接受当局说法）：那是“一间邪恶房间”。“我不想处理这个烂摊子，”奥林说道，“旅馆是个让人自在大方，安详舒适的地方，”又说，“我的专长是旅馆经理，不是验尸官。”[5]奥林［由资深演员塞缪尔·杰克逊（Samuel L. Jackson）饰演］阴郁而严肃地陈述他经手饭店后已死了四个人，之后他便将1408号房归类为不适居住之地，是海豚饭店其他所有地方均在顺畅而专业之手（也就是奥林本人）主导下的一个日益失控的异类空间。奥林最终没法展现说服力，他仍能确实表达旅馆作为一家现代机构的正式说法；不过他的忧心也证明了正式说法效用不大，因为这地方就是透露着古怪。《1408幻影凶间》改编自史蒂芬·金（Steven King）的短篇小说，是一种伪装成经典作品的文化批评，明确表达了我们对旅馆挥之不去的怀疑，固然旅馆有着理性、自制的公共形象，事实上与其早先更加狂野、危险的历史相去不远。

这类叙事并非恐怖电影的专利领域，它在精心编排与策划下，与时而着迷、时而拒斥的观众维持一种假想的距离。像是威斯康星州的玛丽贝尔洞穴旅馆（Maribel Caves Hotel），就是脆弱而惊恐的子午线上占地而居的社区体验，介于理性与非理性、秩序与混乱的世界间。当地人通常称玛丽贝尔洞穴旅馆为“旅馆地狱”，是一连串违反常理事件的真实现场，其中包括、但并不限于数十年来总在同一个日子多次发生无法解释的火灾；大规模谋杀旅馆客人；女巫前来旅馆施法安息那些烧死和被谋杀客人的游魂，却反而通过前门旁旧喷泉开启了一道通往地狱的大门，释放出一大群邪恶亡灵，恶魔随之出现作怪，危害全镇居民。直到出现一名白女巫封死这道地狱之门，从而将恶魔困在旅馆焚毁的残骸和它周围的院子里。由于它离奇、怪诞且最终成谜的历史，玛丽贝尔洞穴旅馆在网站上被归类于暧昧不明的“未知研究”领域，标示为不可回顾的历史——经年累月下来不明事件依旧未解，当地传说和科学观察之间的隔阂愈来愈深。[6]

事实上，科学方法的特别力量与紧凑性也的确用在玛丽贝尔洞穴旅馆的调查中，一方面研究谣言及捕风捉影间暗藏的玄机，另一方面进行严格的客观分析。我们可在玛丽贝尔网站反映客观现实的架构中找到详细的研究成果，同时可在网站主页上看到该建筑遗址令人印象深刻的外观。网站上某些部分据悉是专门解析或拆穿关于玛丽贝尔洞穴旅馆的“传闻历史及现象”，然而该网站想让谨慎访客安心的说辞空洞而简短，仅交代已通过科学方法调查这家旅馆地狱，并对一些看似怪异和难以形容的事件做了系列记录。假如精神分析治疗师冷静地诊断一名连环杀手人格扭曲的思维，提到有关白女巫和黑女巫的回想，那么网站对于这些陈述的调查评注目录，便是既想让不幸漂泊至旅馆地狱的游人安心，却又同时增强了此地宛如冥界的怪诞性。也因此，调查结果中那些在旅馆过夜者的报告，以及他们看到并拍下的“雾气笼罩”照片，还有记述所听到的声响与脚步声，原意都是为了让网站访客“安心”；最后反倒让人觉得，旅馆需要驱魔人的紧迫程度不亚于人类学家及物理学家，如此才能让发生在当地居民间的惊恐事件受到控制。[7]

话说回来，并非所有旅馆地狱都像这般，是女巫从黑暗深处放出鬼怪、邪恶力量在大厅和走廊大举肆虐下的产物——除了少数例外，其实绝大多数都肇因于人为错误、疏失、愚行，偶尔也是渎职的后果。从很多方面来说，这些人造环境最为可怕，因为这反映出人类在照顾他人时，有能力表现出深沉而恶意的冷漠。无论是管道系统问题，导致上层厕所的尿液经由浴室灯具滴落到拉斯维加斯广场饭店及赌场毫无戒心的客人头上，还是洛杉矶毗邻南加大校园的丽笙酒店电梯长期故障，迫使客人走外部楼梯、得自行将行李搬上搬下，这些重大疏失都深植于旅馆体验当中。[8]而旅馆地狱形成的原因，并非外星物种的恶意介入，实是来自人性的冷漠，这类漠不关心的行径，导致人类感染疾病、摔断骨头，以及遇上虫灾。在这些反乌托邦中，期待一流疗效的富有客人，很不幸地遭受到不符阶级规格的待遇，这种司空见惯的体验都存在着人性因素。

不过这种不顾他人福祉的行为，并不总是旅馆随时间流逝而逐渐恶化的结果。情况往往是，旅馆从一开始就以对抗、折磨和羞辱客人的方式构建。来到位于10号州际公路的最西段，这里俗称圣塔摩尼卡高速公路（Santa Monica Freeway），有多达14线道的宽阔路面，以及与405号州际公路的交流道架构高达四层，因而小有名气，也是美国最繁忙、最嘈杂的高速公路之一。我们见识了构建于此的旅馆，为确保容纳最多客房数而使用的建筑地基。这段高速公路不仅制造典型的城市噪音，也是世上最繁忙的高速公路之一，并因事故数量而恶名昭著，一直以来都名列全美最严重塞车地点前十名。这段10号州际公路的车流量相当大，造成很多车祸，加州公路巡警为此沿着高速公路设立不少特殊事故调查站，分别用围栏隔开，如此便可利用交通便道快速清除连环车祸，顺便减少看热闹的车流，避免让已经拥挤不堪的高速公路更加堵塞。

旅馆就位于这种地势旁，入住的客人被迫成了都市噪音与灾害现场的目击者兼受害者。由于旅馆外头紧挨着路边，使得极度缺乏睡眠、睡眼惺忪的住客根本无处可去。这些旅馆客人跟散布于匝道旁特殊事故调查站的人员毫无关系，却不知所措地看着车祸急救创伤中心的一举一动，想眼不见为净也难。就算他们没有整夜都被大量的交通噪音以及汽车相撞时断续的喇叭鸣响、轮胎打滑声吵得无法成眠，也还是经常站在隔音不良的窗户前，目瞪口呆地看着眼前进行中的连环车祸大戏，而陷入迷离的恐惧。旅馆建筑的此番演绎，让它原本设计为提供利于睡眠房间的基本服务角色转变成了创伤中心，就像那些沿着高速公路路肩静止不动、如同秃鹰的拖车，等着在公路大屠杀发生时快速扑向装着破碎尸体的受损车辆。如此这般的失落，并不是因为旅馆管理者及员工吝于改善其物理场地的恶化，而是因为旅馆在基本概念上就朝此方向设计并执行。

旅馆的这种“紧邻高速公路的人间地狱”的另类展现，证明了即便经过数十年的形象建立，旅馆毕竟无法替代神圣的家庭，担当起“无情世界中的避风港”。它所提供的任何抚慰都是临时、短暂、不确定以及偶然的。眨眼之间，可能全都改变。实际上，这种认为每个房间都具有无限能量的想法，似乎就是旅馆问题的一部分——每个空间都可能是个滋生超自然事件的噩梦，或一场技术灾难，或一个情人窝，或诊所，或囊括以上所有。不同于家庭，旅馆有着无限能量，随时有可能发生任何事情，只是要看你的手气好不好。而表象下潜伏着的狂乱——鬼魂作祟的房间，或旅馆直接对客人暴力相向——正策动着不安与焦虑，社会经济地位在此无济于事。出于对乌托邦的需求与渴望，我们想得到一种具有不变真义与功能的空间，除此以外，任何狂放不羁或怪异之物都将被视为彻底的全面失控。

◎秩序

遭遇如此之混乱，客人们的反应不一而足。我们已看到，选项之一便是逆来顺受，然而，单枪匹马及按部就班地试图与之对抗，乃至恢复原状，也是对旅馆侮慢及腐化失落的灵活回应。人们或会群起通过社交媒体网站或投诉到商业促进局（Better Business Bureau）来警告社会大众，对旅馆老板形成压力，迫使其正当行事；措辞强烈的信函及拒绝支付账单则是对旅馆恶意威权的直接抵制。这些小小努力终究会积累出不同凡响的结果，让旅馆自我防卫的甲胄伤痕累累。在现今的市场环境中，“猫途鹰”或“安琪名单”（Angie's List）等“群众外包”评级系统证明评价发挥了强大的市场驱动力，那些确实无心做好客户服务并漠视其恶质环境的旅馆，评价大概无法体面地出现在这些点评网站上。

对于旅馆这种怠惰冷漠的最坏举动，许多反击行动经常英勇无比，其中以罗珊·哈格蒂（Rosanne Haggerty）在公众事务中表现得最为突出及显著，后来还获颁麦克阿瑟“天才”奖。她在20世纪90年代创办了“共同点社区”（Common Ground），这家鼓舞大众的非营利组织的目标是恢复历史建筑，并且为游民及其他面临不公待遇的人群提供适合居住的家庭空间。共同点社区因恢复具历史性（且老旧不堪）的时代广场酒店（Times Square Hotel）而声名大噪，该酒店现在不仅创造就业机会，同时也为那些可能遭到社会遗弃或消亡的人群提供公平住房。这次的修复工作，是在时代广场附近街区大规模清理过程中进行的，是纽约市尝试在灾难性的20世纪70年代和80年代之后重新规划前进的一种隐喻。另一方面，共同点社区也将时代广场“模式”复制在其他城市和其他旅馆，让许多改善行动变得可行——比方美国西岸的福特旅馆。一度可能成为另一家卡特旅馆（一个极度反乌托邦、死气沉沉的旅馆）的福特旅馆，现已成为拥抱社会、提供美好家庭想象之处。至于时代广场本身，曾经满街乞丐、低级当铺、脱衣舞俱乐部和窃贼，现在是具有迪士尼风格的游客天堂。

帮助严重失败的旅馆有“走回正途”“人事圆满”的机会，让那些承担起此艰险任务的人又喜又惊，他们试图将表现怠惰而冷漠的旅馆改造成崭新而质优、他们所属社会结构中的不凡之物。如此说来，那位厨房里的极恶男孩戈登·拉姆齐（Gordon Ramsay）*已经展开与福斯电视台合作的第四部真人秀节目，就一点也不令人意外。

在他的新节目《地狱酒店》（*Hotel Hell*）中，拉姆齐故技

*　译注：戈登·拉姆齐（Gordon Ramsay），知名厨师，主持《地狱厨房》等多部真人秀节目。

重施，号称他传说中的看家本领全部来自一种狂飙脏话的纪律主义，他像个盛怒的小暴君般，纠正处境恶劣的旅馆，那都是看来无药可救、正遭到“末日四骑士”（怠惰、贪婪、怨气、好吃懒做）摧残的对象。拉姆齐交互运用创意与粗暴的手段，将这些造孽的巢穴转化为有秩序的避风港和提供慰藉的庇护所。拉姆齐与他的旅馆专家团队造访美国各地，寻找最烂、就连走投无路者都不想去的旅馆。他带来那些让《地狱厨房》（*Hell's Kitchen*）和《厨房噩梦》（*Kitchen Nightmares*）等节目夺得黄金时段排行榜首的——旅馆。《地狱酒店》在节目预告中要疑心的观众们放心，告诉大家拉姆齐受过旅馆经营的训练，说他甚至上过课学习旅馆管理并在旅馆餐厅工作，之后才成为人人爱看的那位嚣张跋扈的主厨，看他大呼小叫、四处霸凌、七窍生烟地穿梭在厨房和沉着的厨师间，确保最完美的菜肴通过拉姆齐把关的“上菜”许可。

拉姆齐出手拯救的旅馆地狱形形色色，包括从急需清洁、臭虫猖獗的河石酒店（River Rock Inn）到由前校舍改建而成的一家16间房的旅馆，这家旅馆的老板喜欢穿得像是大侦探福尔摩斯，他玩神秘游戏的兴致高于协助客人的热诚。拉姆齐的《地狱酒店》大为成功并广受观众欢迎，部分归因于节目创意令人大开眼界，以及拉姆齐揭露的种种旅馆弊端。但是拉姆齐采取的行动让观众清楚地晓得没有无法拯救的旅馆。不管在多么像地狱的环境，拉姆齐愤慨之下的见义勇为，加上他在业界游刃有余的手腕，最终都能匡乱扶正，将客人与员工激动的绝望与挫折感化作温暖的阳光。

毫无疑问，有些旅馆失败在财务管理不当。以佛蒙特州的杜松山旅馆（Juniper Hill Inn）为例。尽管当地居民抱怨根本负担不起这家贵族旅馆的消费，但拉姆齐一眼看出旅馆主人浮华不实的妄想，是导致这家旅馆对顾客及员工来说都是场大灾难的根本原因。拉姆齐进入的豪华客房被污水管道才会有的臭味彻底搞砸；旅馆餐厅的料理既难吃又昂贵，还积欠员工薪水；旅馆老板不但带朋友来此白吃白喝，还很不要脸地收走服务生的小费；在拉姆齐请来的外部估价师鉴定后，发现旅馆中所谓“无价之宝”的古董根本是假货。为了点醒旅馆老板妄想的优越感以及拥有大量财富为后盾的幻想，团队请来了旅馆的前顾客及员工现身说法。在此案例中，管理者的心理问题是让杜松丘陵旅店一塌糊涂的病因，一旦解决了，症状是能治疗的。污水管道问题妥善修好，员工也准时领到薪水。

如同《地狱酒店》在这一集所陈述的，旅馆服务失败的原因匪夷所思，而这些失败后续造成的极负面影响，通常都是旅馆业主的不当思维、拒绝以合理商业模式经营旅馆的直接后果。拉姆齐在节目中淋漓尽致地展现旅馆地狱此一方面，更令观众格外着迷。圣地亚哥基廷酒店（Keating Hotel）老板对他的豪华客房开出每晚超过800美元的价格，客人入住后，刚开始或许不会察觉如此奢华环境中存在的问题。然而，这名做过法拉利经销商的旅馆老板将其个人的痴迷与癖好带入经营模式中，迫使厨房员工为不安的客人送上加了巧克力、培根火腿、草莓的比萨，客房服务的餐点则装在塑料容器与纸板箱里。

基廷酒店的例子并非绝无仅有，罗斯福酒店（Roosevelt

Hotel）的业主暨经营者是一名罗斯福小学的校友，他购买并改造这栋建筑，很大程度上是受到他对自己学生生涯的怀旧回忆所驱策。可是该业主每个月都将旅馆当成神秘游戏的舞台，假扮成大侦探福尔摩斯自得其乐，却弄得床单肮脏不堪，厨房运作不良，整个旅馆装潢老旧得让人难以忍受。基廷酒店和罗斯福酒店的例子都清楚表明，当业主将旅馆当成个人私器一意孤行时，其实已注定走向一场灾难，这种践踏并漠视他人福祉的行为，同时伤害了员工与顾客。即便拉姆齐的本领和精力似乎取之不竭，但仍然有些旅馆就连他都无法拯救；比如说，剑桥酒店（Cambridge Hotel）在他还没来得及充分发挥魔力前，便因管理不当而停业。

拯救实验与“共同点社区”诉诸情感的介入方式可谓天差地别，也可谓对冥顽不灵、懒散、穷凶极恶的旅馆经营者施以严厉打骂教育的名人殿。拉姆齐致力让旅馆界最恶劣的异类都能以军人般的速度及精准高喊“是的，主厨”！再不然，就完全不留情面地揭发事实，让他们在自我反省之余，打从内心对拉姆齐感到服气。他与杜松丘陵旅店老板的对阵叫骂，成千上万观众公认是“有史以来最赞的戈登怒吼”，他谴责这家旅馆是场“活生生的噩梦”，而旅馆主人则是个“粗俗、恶心的人”。[9]自然地，这个仿佛长有三头六臂、橄榄球员般强悍的英国佬形象令人激赏，他强有力地打击旅馆荒诞的疯狂，成功树立影艺界的拉姆齐传奇。确实，拉姆齐对厨房所施展的羞辱、指责及公之于世的连环三痛击，其力道足以纠正旅馆界最恶劣的过失者，这种近乎无穷尽的强大矫正力的幻想，对观众来说无比诱人。

没错，我们当中许多人都曾住过差劲的旅馆，可以彼此交流大家在蛮横旅馆中所看到的一切公然犯规的故事。但是，从根本上说，旅馆是一种“第三地点”——社会学家雷·欧登伯格（Ray Oldenburg）信誓旦旦的说法令人信服，他认为这对公民社会、公民参与，并建立一种深刻而持久的地方感受至关重要。[10]如果第一地点是家，第二地点是工作场所，那么这第三地点就发挥了让社区生活安定的功能，促进更多创意性交流，并提供一种现代的自得其乐、自我塑造及自我慰藉的生活光景。当这般光景的特征以旅馆作为第三空间的女主角时，可能描绘出一幅由混乱、变态及漠不关心所产生人类堕落的强烈黑暗、令人回味的画面，此刻我们已相当清楚。拉姆齐对《地狱酒店》的治标性最终改善，是种同时蕴含于旅馆作为第三空间的修复性驱力。在救赎的光弧下，旅馆不再反乌托邦，而乌托邦虽微弱，仍凯旋式地露出曙光。

这是旅馆生活情节中最后和最诱人的转折——从某种绝望转为意想不到的欣喜。拉姆齐这等大师级表演家以此手法在旅馆大道上吸引观众、访客及凑热闹的人群。我们都希望找到一个更好的地方，固然我们担心也许遇上可渗透及可替代的危险空间，这些空间或许会侵蚀我们想必脆弱的自我肯定与社会价值。这类旅馆空间或许可按照我们想要的形象再造，而这的确是种诱惑。于是，旅馆和客人进行着一场细腻的愿望实现之舞，我们与作为理想舞伴的美女环绕在迷人的舞池中回转；然而，场边永远潜伏着虎视眈眈的野兽，随时打算拍开我们的舞伴，生硬地切入最终的华尔兹。

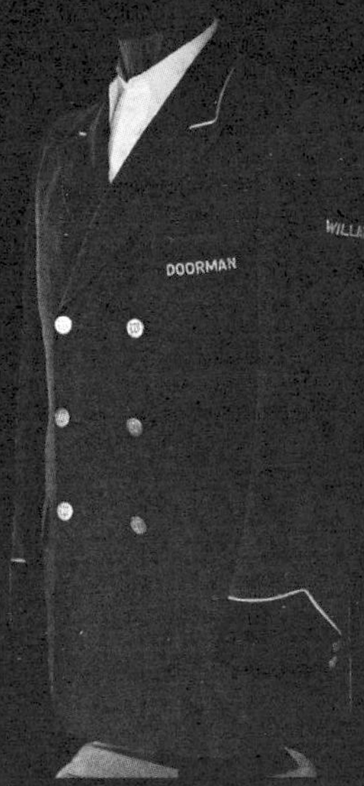

20世纪初期，华盛顿特区威拉德饭店门房穿着的制服。

（图片来源：美国国会图书馆。）

结　语

《纽约时报》专栏作家大卫·布鲁克斯（David Brooks）认为:“‘精品旅馆’（Boutique hotels）有点可笑。”布鲁克斯简单勾勒出旅馆的历史，指出“大众精品旅馆”对中世纪平凡的商务旅馆有样学样，而这些旅馆早就被“模仿欧洲宫殿”的“豪华旅馆”取代。布鲁克斯仔细品味当代潮流，看了看自己的精品旅馆房间，发现很多地方并不令人欣赏。“房间太暗了，”他抱怨，“有碍阅读。床往往太低了。有时浴室的门做成一道滑动的百叶门，为了时尚而牺牲隐私。”他的话还没讲完。再也没有壁橱了，大厅里挤满几十个客人，每个人都弯腰驼背地看着平板电脑或笔记本电脑。

尽管有着种种抱怨，布鲁克斯还是承认，在这样一家旅馆度过一晚，会发展出“情感上的觉醒”，吸引客人与结构及形式建立亲密关系，这是依循“心理变数剖析”（psychographic profiles）而形成的关系，目的在于制造“不寻常的产物和独特的体验”。而最终成果呢？就是一种更丰富、更快乐、更享受的经验。“我们的状态明显比以前好。”他信心满满地总结。[1]

在向来夸夸而谈的布鲁克斯社会评论对象中，“旅馆生活”是件庞大、复杂，令人眼花缭乱的事物。它的范围涵盖从开始到结束，从富裕到贫穷，从幸运到失落，从最亲密的隐私到公开邂逅时惊人耀眼的强光。在这一切进行的同时，旅馆生活在当代极度商业化的文化，以及杂乱无序的社交混合中茁壮成长，并不时发出忙碌的嗡鸣声。作为不断移动中的现代自我追求新形式的舒适、安全、肯定和体验的理想场所，旅馆承诺新型的邂逅及个人演进，从而成为吸引愈来愈多客人的实验空间。所以说，布鲁克斯所认定的单一趋势，实际上是个剧本——而且只是其中之一。

正如我们所见，这些交会与革命发生的地点及原因，都在旅馆为客人创造的各种感受、空间、等级与世俗无常之间。作为人类建造的环境，旅馆始终动态地调整、再调整其惯习场的四项关键特征——空间、时间、等级与感受。如果对邂逅与变化的仔细调整，是旅馆在现代成功发展的关键，那么人们会想，未来的旅馆会是什么样子？它正在进行什么演变、在其助长下将编撰出何等新的现实与自我？

果不其然，这类问题一直是建筑师、旅馆业者与服务业人士之间热情而激烈争辩、研究、协作及实验的焦点。“快速前进”智库（Fast Future）受全球首屈一指的旅游分销机构“阿玛迪斯”（Amadeus）委托，发表了一份详尽的报告《旅馆2020——超越细分》（*Hotels 2020—Beyond Segmentation*），其中的结论表明，旅馆将只有成为“拥抱极端个性化”的“生活创新实验室”，才能在未来数十年的动荡中茁壮成长，而其特点将是拥有更多的、够格的、见多识广的以及有鉴别力的客人。此项研究总结道，最成功的旅馆经营者会乐于接受、而非排斥新社交媒体的创新，并且将“从发展充满活力的线上及线下个性中获益，同时逐步定义和管理21世纪的新隐私概念”。[2]

就像18世纪晚期及19世纪晚期的旅馆协助塑造了个人隐私与可能性的新概念，同样地，21世纪的旅馆也将聚焦于自我。快速前进智库的执行长罗伊特·塔尔瓦尔（Rohit Talwar）表示，个性化将成为客户满意度的关键。借由利用技术整合各种网络，旅馆业者能为客人即将待上数小时的房间“定制化”——通过温度、娱乐和照明选项来模仿家庭设施，复制熟悉的居家舒适度。客人将期望住房能按照事前的个人化选择来量身定制，像枕头种类、床垫硬度及视听设备；旅馆则需发展强大的社交媒体“倾听技巧”，以聆听不断变化的客户“需求”。理论上，如此讲究的敏感度不仅能确保良好评级；还可深入自我，发掘每位客人深藏于内心，揭示为学习与颂扬的标的。

西雅图“1000旅馆”（Hotel 1000）的老板观察到，我们的旅馆要继续维持业已展现的个人关注与策略差异之间的长期微妙平衡，在挑战日益剧烈的网络及数字化时代，我们需要一如既往地持续下去。1000旅馆的母公司MTM奢华住宿集团（MTM Luxury Lodging）的资讯副总如此说道：“我们的座右铭是，让人安心。在过去，旅馆对顾客的隐私诉求非常敏感，有时甚至予以匿名。”在关注客人高度个性化的需求和他们对匿名的要求之间保持微妙平衡，将是一种成倍增长的挑战，并随着科技进步，因而积累了顾客最私密的习惯、行为及喜好等资料。[3]波兰精品旅馆“爆破厅5050酒店”（Blow Up Hall 5050）在每位客人入住时，会提供一部预先安装了虚拟门房应用程式的智能手机，而最终难免会从智能手机收集到的所有资料，又会被怎么利用呢？另一方面，随着未来旅馆的资讯泛滥，采集来源将不仅限于客人，也包括关于旅馆自身的营运，使得旅馆忽然具备资料分析功能，将内部运作的方方面面暴露在生态敏感的客人监视之下。那么，旅馆的下一代演绎将是一个真正的大数据矿藏，任何对自我感兴趣的人都可利用。

许多旅馆已经朝着显著的个性化方向发展，将之视为一种积极的商业策略。举例来说，加州橘郡（Orange County）的瑞吉酒店（St. Regis Hotel）为客人配有冲浪管家，他会评估你的潜水衣，为你监测冲浪状况，还会替你的冲浪板打蜡；俄勒冈州的波特兰摩纳哥金普顿酒店（Portland Kimpton Hotel Monaco）为携带宠物入住的客人特别提供宠物通灵服务；波兰的豪华酒店（Hotel DeLuxe）更是不甘示弱，已经开始给客人提供一份心灵菜单，不仅做到符合每位客人的宗教偏好，也同时为宠物准备了精神食粮；加州威尼斯海滩欧文酒店（Hotel Irwin）的“住房文身特惠方案”中有一张价值100美元的文身优惠券，供入住超过三晚的客人使用，毫不意外，这让纽约本杰明旅馆（Benjamin Hotel）的睡眠管理师，或是芝加哥费尔蒙酒店（Fairmont Hotel）里带着定制精油、润肤乳及肥皂来到客房的专业沐浴师的境遇相形之下，犹如是明日黄花。

旅馆研究人员、旅馆业者和技术人员正在构思关于旅馆的崭新未来。建筑师也一样，他们在试验水泥和钢材、造型与功能，以及构建旅馆的空间假设。譬如说，世界知名的德国LAVA建筑师事务所（Laboratory for Visionary Architecture）的几位创办人托比亚斯·瓦里塞尔（Tobias Wallisser）、克里斯·博斯（Chris Bosse）、亚历山大·瑞耶克（Alexander Rieck）近期已和“弗劳恩霍夫协会工业工程研究所”［Franhofer IAO（Institute for Work Organization）］联手展开一项着眼于未来旅馆的研究，探讨建筑、技术和人体间的介面。LAVA将“未来旅馆展示房”（Future Hotel Showcase Room）设计为一个示范专案空间，运用参数化设计方法及半自动化制作，创造出及时实现的原型设计。[4]换言之，协作人员用于示范未来旅馆构想的方法拉近了建立数字模型与已建构展示之间的传统架构差距，从而达到即时而一致地实现设计。

然而，他们的愿景不仅在方法及观点上具有开创性，还完全模糊了技术、室内空间及高度个人化住客之间的区别，创造出一个通过技术校准、如同茧般的旅馆房间协奏，即时回应疲惫旅客的身体需求。“未来旅馆”（Future Hotel）构想中的旅馆客房配备有克服时差的采光灯、智能镜、活动式舒适床、个人水疗区，兼有综合媒体及客房服务功能，这是人类的旅行舱，形同一个滋养的准羊膜囊，令客人回想起胎儿时那般随心所欲，满足所有需求和欲望。LAVA研究团队的“未来旅馆”并非个人享有至高无上地位的未来旅馆建筑的唯一构想——其中，人类的舒适度呈现乌托邦式的比例，技术则消融于造福个人的服务之中。设计策展师唐纳德·阿尔布雷希特（Donald Albrecht）评论未来十年中设计和建造的七个最令人惊叹的酒店建筑奇观，诸如布加勒斯特的多罗班蒂大厦（Bucharest's Dorobanti Tower）、圣保罗资源再生而豪华的奥利亚酒店（Sao Paolo's sustainable luxury Hotel Aliah）、迪拜的太阳能旅馆及垂直住宅村（Dubai's solar-powered hotel and residential Vertical Village）和新加坡的皮克林宾乐雅酒店（PARKROYAL on Pickering）——其结论是，“旅馆作为旅游业和全球化的一种建筑类型，乃是充满生机与活力的建筑，并且仍然处于建筑潮流的前沿”。[5]

这些旅馆生活的新愿景，在其构想中对于个人的关注更甚以往。它们还做到服务的“拆分”，让手头较紧的人自行决定宜居的短期惯习场条件，割舍之后的服务通常所剩无几。未来的旅馆看来更像一条脐带，联结至满足我们最深层人类需求的源头，同时传来反乌托邦和乌托邦的讯息。低预算版本的未来旅馆已经在东南亚兴起——“途恩酒店”（Tune Hotel）的创始店已在吉隆坡开张，还有30多个东南亚分店正在兴建当中，计划未来数年内达成在亚洲拥有一百家旅馆的目标。途恩酒店每晚房价最低才3美元，其吸引力可想而知。

途恩酒店的“使用者付费”（pay-for-what-you-use）原则，意味着客人总是问些他们“可以不要什么”的这种与人性需求相悖的问题，而非他们想要或渴望什么。在不寻常的状况下，简朴本身也可做到个性化。由于毛巾、空调、盥洗用品和吹风机都被视为非必要物品，必须额外收费，因此省钱旅馆的概念在途恩酒店的设想下看起来果然相当刻板，就好像途恩酒店以那色彩斑斓、形似布告栏的大门欢迎疲惫的旅人进入一个近乎无所期望的世界。这是一个贫富日益扩大的世界，社会经济差距彰显于旅馆对一块肥皂的扣留、卫生纸的不再免费供应以及令人恐惧的锱铢必较，处境艰难的客人将不得不斟酌自己还能舍弃些什么选择。当每张面纸都计入客人恐怕无法支付的费用中，未来的低价旅馆看似打算通过一种全新基准的计算、预谋和吝啬方式，来否定人类的需求。

这不禁让人想起《雾都孤儿》(*Oliver Twist*)里的悲惨哀求："拜托长官再给我一点。"在如此景象中，未来旅馆的执行长就像狄更斯笔下倒行逆施的资本家，吝于给予他人无助于满足其自身基本舒适的人类需求及必要之物。

就算这两种未来的旅馆愿景看来背道而驰——如茧般的奢华世界、相对缺乏人性体贴的过渡站——两者却都由同一家企业体经营。正如《旅馆2020——超越细分》所预测的，在21世纪，经济细分在整个旅馆领域中只会显得更为壮大。事实上，未来的旅馆商业模式将演变成全球旅馆集团愈来愈追求覆盖率，从经济型、豪华型，到历史传承性质的旅馆物业，无所不包。简单地讲，它们会超越细分，将人类每一种经济层级的需求及欲望通通资本化。在研究访谈中，81%的受访者认为未来的旅馆将多方尝试各种商业模式，而全方位的连锁旅馆将为六星级豪华旅馆提供一星级的预算，以此作为商业计划的一部分。在如此戏剧性的垂直整合模式中，阶级分层将更加强烈，而旅馆目前能够且经常提供从生活的经济压榨中暂获喘息的机会，将更难实现。

万一这些对旅馆未来的产业预测将由全球资本主义抬头

主导，喘息机会显然将愈来愈少，但无论如何，旅馆仍会是一个兼具真实与发明的强大想象之地，足以唤起现代自我的另类现实与可能性。以纽约市麦基特里克酒店（McKittrick Hotel）为例，麦基特里克酒店于1939年落成，位于西27街530号，咸信其当时是这座城市最颓废的豪华旅馆，提供了比华尔道夫或广场饭店更私密的奢华。最初慕名而来的游客有像阿尔弗雷德·希区柯克（Alfred Hitchcock）这等人物，希区柯克还将电影《迷魂记》（*Vertigo*）中的旅馆取名为麦基特里克酒店。

然而第二次世界大战爆发后，旅馆经营陷入困境，一年之内便意外地关门大吉。麦基特里克酒店歇业后大门深锁，仿佛一家从来不曾存在的旅馆。直到2008年，旅馆空间成了某个互动式戏剧的场地——伦敦获奖剧团“晕眩”（Punchdrunk）及“沉浸”（and Emursive）联袂演出的戏剧《不眠之夜》（*Sleep No More*），在装饰艺术与黑色电影视角的诠释下，将麦基特里克酒店演绎成莎士比亚剧作《麦克白》（*Macbeth*）的舞台。

每天傍晚，一大群观众随兴穿梭在此旅馆空间重新安排后的100多个房间中，自由地选择想去的地方，跟着不同演员演出的角色情节追踪剧情发展。在这种互动的戏剧模式里，每个观众的戏剧体验都是独特而自我形塑的，没有标准的“戏剧”体验。简单来讲，这部戏成了一场游戏，同时，具有灵活性与流动性的再生旅馆空间——库哈斯超然的“垃圾空间”理念——使得高度个性化、离散的“故事”或戏剧能够交织呈现，并在角色、场景及观众成员间交互作用。

换言之，旅馆在此的演绎创造出一种不同于其他艺术形式或文化作为所产生的感官经验。不仅观众/客人经由选择如何在旅馆中移动来创造各自独立的故事轴线，旅馆每一处空间都为观众/客人提供一种沉浸式的多元感官环境，容许他们自行创造、利用，进而重构旅馆的基本建筑单位。经过如此重新设想，麦基特里克酒店成为纽约有史以来最独特的戏剧体验场所，以及通过戏剧、旅馆空间、创意和发明等具有想象力的原始素材，协力创造的另类现实。

但是麦基特里克酒店从豪华旅馆变身为实验性、互动式立体舞台的转型绝非独一无二。旅馆长期以来一直便是创新、发明和转型的多元化场所，驱策那些想象走出家门的人与周围环境建立新的关系，发展出新的创意、实验与治疗方式。

在麦基特里克酒店重新开放、作为互动剧场空间的100年以前，两位美国商人委托加泰隆尼亚雕塑家暨建筑师安东尼奥·高迪（Antono Gaudi）设计一座日后成为世界贸易中心的大型旅馆。然而，高迪提议建造一座未来主义风格的摩天大楼旅馆，高达360米，与帝国大厦不相上下，在高迪提出建议的1908年，这似乎不太可行。当时金主们心中想的，是像亨利·哈登伯格（Henry Hardenbergh）设计的华尔道夫酒店之类的建筑，这是当时所体现的现代奢华；可是高迪却设计出跟埃菲尔铁塔一般高的巨大塔楼群，外面包覆着玻璃、瓷砖、条纹大理石及其他装饰材料。这座“魅力酒店”（Hotel Attraction）若是建成的话，在其顶端会有一座太阳造型的观景台，高迪称之为“万象之球”（The Sphere of All Space）。这座旅馆会拥有剧院、演讲厅、画廊和中央大厅，以及历届美国总统的塑像，更别说还包括为数可观的一系列满是壁画的餐厅，以及足可容纳一整个交响乐团的空间，为用餐的客人鸣奏小夜曲，魅力酒店会是一种带有史诗意涵的现代现象。

这项计划的初步概念图展现了一个不同于任何当时存在的旅馆空间——它们代表一种新的等级、模式及交流空间的愿景。或许正因这种革命性的感觉，魅力酒店计划突然喊停，高迪的愿景在当时过于激进，很快便被人遗忘而束之高阁。

2002年，在美国建筑师保罗·拉弗莱（Paul Laffoley）与艺术历史学家、建筑师，以及高迪的仰慕者们的共同努力下，率先将高迪最初的魅力酒店设计递交到世贸中心遗址上进行重新设计的竞赛中。许多人相信，最初为世贸中心场地而设计的魅力酒店，将可化解开发商与“9·11恐怖袭击事件”罹难者家属对于如何处理创伤遗址的争议。套用一句热情拥护者的话，将可让所有人“重新梦想”。[6]最初为了向历任总统致敬而设计的大教堂风格空间，可以重新设计成一个纪念场所。根据其支持者宣称，魅力酒店凭借其历史与国际渊源，足可让每个人都有机会参与一项攸关全球的历史性计划，并解决纽约市因讨论世贸中心遗址重建而造成的分歧效应。

魅力酒店为哀悼中的世人所营造的既扎实、又具全球疗效的欣快展望强而有力。如同某位高迪计划的支持者做的总结：“高迪在95年前替未来设计了这座建筑。那么，‘未来’就在此刻。让我们掌握当下。”[7]在“2002全球纪念高迪年”（2002 Gaudi International Year）的主题中，“魅力酒店专案”让高迪的初始计划重见天日，在一个虚拟的21世纪初的纽约再度现身，并利用创新技术为现今世界阐释这项专案的力量。巴塞罗那皇家高迪馆馆长约翰·巴赛戈达·诺内尔（Joan Bassegoda Nonell）提供指导，由西班牙设计师马克·马斯科特/博克斯（Marc Mascort/Boix）担纲的这项“魅力酒店专案”，提问极具渲染力：何不就在当初为之构思的城市中付诸实现高迪专案？

这个问题如星火燎原般迅速在全球激荡，世人议论纷纷，思索魅力酒店是否足以作为治疗和希望的场所。拉弗莱如此说道：“9·11恐怖袭击事件的‘原爆点’是在纽约市与美国心灵上一道深刻的伤痕”以及“任何放在该处进行治疗的事物都无法以同样的真实自我脉动开展”以生动表述世贸中心的建筑师，或其毁灭者。[8]YouTube上播出《高迪的纽约城市愿景》（*Gaudi's New York City Vision*）[9]短片，对于该旅馆在绝望中创造希望、在破碎的当下创造未来的能量，做出强大的视觉呈现。

《高迪的纽约城市愿景》创造了一个令人瞩目的假想，其中高迪的工程计划在纽约天际线上浮现，从而传达一种9·11恐怖袭击事件过后治疗和希望的新气象。魅力酒店变成“本可成为”的旅馆，由此创造了一个叙事弧线，将1908年的纽约市完美联结到2008年的纽约市。我们注视着想象中建成于1908年的高迪旅馆天际线，双子星大楼于世纪之交倏忽而过，接着目光移向2008年天际线中结合古今、未来与怀旧兼容的高迪自由之塔（Gaudi Freedom Tower），我们从勾勒出旅馆轮廓的笔触中看见一座城市的历史，较以往更加明亮、强韧而完整。

如同《不眠夜》那般互动的多样化尝试，最伟大的旅馆故事未曾说出的，不仅仰赖建筑规格与图像，也通过多重感官模式来陈述。2002年5月30日发行的音乐专辑《魅力酒店：高迪的纽约项目》（*Hotel Attraction: Gaudi's Project for New York*）是由彼得·席尔曼（Peter Schirmann）、约翰·苏蒂尔（John Sutil）、有机梦（Organic Dream）和蓝印（Bluprint）等音乐人，为高迪旅馆创作的13种音乐声学诠释的汇整，旨在为“魅力酒店专案”的视觉画面增添分量，成为YouTube专辑中萦绕多时的主题曲。

从LAVA所编造的“未来旅馆展示房”引证的内在新现实，到“魅力酒店专案”以及《不眠之夜》等思想实验，未来的旅馆看似将成为新现实类型与新认知形式的惯习场。由此可见，旅馆生活是一种充满活力且持久的事物——一种变化万端却也怪异地保持原样的事物。

对那些足迹遍及许多旅馆的人来说，旅馆揭示新的世界同时也保护濒危的世界，旅馆为此两者所无法推卸的承诺，持续令人着迷，也成为大受欢迎的电影主题，其中包括韦斯·安德森（Wes Anderson）的《布达佩斯大饭店》（*Grand Budapest Hotel*, 2014）、保罗·哈吉斯的《出轨幻想》（*Third Person*, 2013）。在这些电影中，旅馆被慎重地看待为危险与庇护、怀旧与新生、再造与毁灭、善良与剥削的场所，这些新的更迭塑造出某个长篇故事的一部分、一个故事的下一章。它们持续地提醒我们，在康德的启蒙观点中，所有现代公民都拥有不可剥夺的“参观权”；此外，热情好客是让世界各地的人们齐聚一堂，以实现和平交流的必要条件，使得空间现实变得多样化且不断变化，就和前面章节中谈到的各种旅馆形式一样。

没有任何事情能惊扰到古斯塔夫先生（Monsieur Gustave H.），他是布达佩斯大饭店那位一丝不苟、深具魅力的旅馆经理，“举止优雅、周到用心”。对古斯塔夫而言，旅馆生活一切的缤纷辉煌，既是责任，也是使命。古斯塔夫是一位技能精湛的指挥家，掌管为数庞大的旅馆员工，有时还充当年长女住客的情人，他卓越地经营旅馆，仿佛旅馆是他的一组同时带有浪漫伙伴关系、富有诗意以及合宜演讲的旋转场景，最重要的，是他能有教养地、“极具感染力”地管理如此繁多且快速变化的内部景物。古斯塔夫与他的门徒“零”·穆斯塔法（Zero Moustafa）的联结，广泛体现出布达佩斯大饭店的整体性以及旅馆的承诺。

数十年后，当“零”向“作者”讲述这个故事时，我们才得知关于古斯塔夫的生前种种。那位打算写下他对古斯塔夫回忆的“作者”，经历了一场漫长的“作家狂热”（scribe's fever）才复出，成书也是拜年老的“零”口述所赐——对这位“作者”来说，此时布达佩斯大饭店并不是一首忙碌、回旋的曲目，而是一个安静、寂寥的沉思之地。“作者”穿过身旁少许客人——淡季的散客——在颓败的布达佩斯大饭店大厅找到了“零”，他发现“零”不但“孤独”，而且“寂寞”，但愿本书的读者能分清此两者的区别。“作者”与“零”两个人在旅馆各式各样的公共空间彼此做伴，时间到了，便各自回到自己房间。

在我们完成本书之际所上演的这部发人深省的电影，之所以被当成我们所谓“旅馆生活”结尾时的检验标杆，是因为它将空间与时间运用得活灵活现。导演安德森描绘出丰富多彩的人物古斯塔夫，以及他的“天职”与“昂贵、无利可图、注定失败的旅馆”的完美体现，捕捉到我们打算在本书探究的伟大、复杂且令人困惑的结构之所有语调、情感和主题。经由古斯塔夫巧妙之手，布达佩斯大饭店成了融汇地点、光阴、感受、主题和经验的万花筒。它是客人的一切，即便处于自定的时间与空间，也即便其他地方还有它的仿真赝品。犹如“零”对“作者”所说，它的监护人及守护者，也就是古斯塔夫这个男人，他独一无二的天赋是能将早在他出生前就已消失的事物延续至今——那些走进布达佩斯大饭店的年老顾客年复一年地深信并寻找的旅馆生活，全然不受战争、个人造化，以及岁月枯荣中无可避免的衰老与虚弱所干扰。然而末了，我们赫然发现，古斯塔夫并非独一无二，而是一种典型、是“十字钥匙协会”（Society of Crossed Keys）成员，隶属“门房兄弟会”（brotherhood of concierges），众会员各自管理着其他版本的布达佩斯大饭店，个个都有本事妥善满足客人想要或所需的任何事物。

正如之前篇幅中所提醒我们那般，被库哈斯称为“垃圾空间”的“旅馆空间”既灵活又坚实，同时也像安德森电影中再明显不过地成为某种恋物癖的对象。一方面，它能促成客人在个人生活体验中达到前所未有的想象力飞跃；另一方面，它又可提供让人麻木又熟悉的制式临时空间；再者，它还能完全混淆两者间的差异。反正，它提供了流动且不断变化的生命形态与体验，时而让人感觉焕然一新。它想在市场上受到推广，接受评价，并被赞誉为具有恢复性、治愈性，并能让人们休息；但它绝对不想因其庞大、令人困惑的复杂性而遭到误解。

这么说来，本书的任务是将揭开人们所迷恋、屈从于环绕周身的玻璃钢铁盒子权威的想象魅力，所披上的神秘面纱；同时揭露我们所假定的一种简单自为的想法，一种“独处”的需求，或是从“作家狂热”中复苏，或寻找浪漫—— 一切终究是不那么纯真的想法。

参考文献

导论

1. Norman Hayner, *Hotel Life* (Chapel Hill: University of North Carolina Press,1936), 182.
2. Rebecca Onion, "How Grand Hotels Shaped Modern Life (and Not Just Wes Anderson's Film)," *Boston Globe*, March 9, 2014, and Molly Berger, *Hotel Dreams: Technology, Luxury, and Urban Ambition in America, 1829–1929* (Baltimore: Johns Hopkins University Press, 2011).
3. http://upload.wikimedia.org/wikipedia/commons/a/af/Tremont_House_IV.JPG or http://upload.wikimedia.org/wikipedia/en/8/83/Tremont_House,_Boston.jpg.
4. Sinclair Lewis, *Work of Art* (New York: Jonathan Cape, 1934), 259.
5. Immanuel Kant, *Toward Perpetual Peace*, in *Immanuel Kant: Practical Philosophy*, ed.and trans. Mary J. Gregor (Cambridge: MIT Press, 1996), 328–31.
6. A. K. Sandoval-Strausz, *Hotel: An American History* (New Haven: Yale University Press, 2007), 9.
7. Hiram Hitchcock, "The Hotels of America," in *One Hundred Years of American Commerce*, ed. Chauncey Depew (New York: D. O. Haynes & Co., 1895), 1:156.
8. *New York Mirror*, June 25, 1836, quoted in Carolyn R. Brucken, "Consuming Luxury: Luxury Hotels in Antebellum America, 1825–1860" (Ph.D. diss., George Washington University, 1997), 173.

9. "16 Firms Face NAACP Picketing," *Atlanta Journal*, July 3, 1962; Luke 2:7.

10. *Congressional Globe*, 42nd Cong., 2nd sess., December 20, 1871, 242; December 21, 1871, 280; and January 15, 1872, 381–83.

11. *Congressional Globe*, 42nd Cong., 2nd sess., appendix part 6, January 25, 1872, February 4 and 6, 1872, 28–29.

12. http://4.bp.blogspot.com/-BWE1zljgO6M/TxCUlvx5KoI/AAAAAAAAARPQ/8ElB3Lk8fiU/s1600/htheresabus.jpg.

13. Sondra Kathryn Wilson, *Meet Me at the Theresa: The Story of Harlem's Most Famous Hotel* (New York: Atria Books, 2004).

14. For work that addresses the production of modern space and capitalism, see, for example, Neil Smith, *Uneven Development: Nature, Capital, and the Production of Space* (Athens: University of Georgia Press, 2008); Ali Madanipour, *Public and Private Spaces of the City* (New York: Routledge, 2003); Mark Kingwell and Patrick Turmel, eds., *Rites of Way: The Politics and Poetics of Public Space* (Toronto: Wilfrid Laurier University Press, 2009); Sarah Edwards and Jonathan Charley, eds., *Writing the Modern City: Literature, Architecture, Modernity* (New York: Routledge, 2012); ukask Stanek, *Henri Lefebvre on Space: Architecture, Urban Research, and the Production of Theory* (Minneapolis: University of Minnesota Press, 2011); and David Crouch, *Flirting with Space: Journeys and Creativity* (Surrey: Ashgate, 2010). For foundational theories of space, language, and capitalism see Henri Lefebvre, *The Production of Space*, trans. Donald Nicholson-Smith (Oxford: Blackwell, 1991), and Gaston Bachelard, *The Poetics of Space*, trans. Maria Jolas (New York: Orion, 1964).

15. For work that considers the role of hotels in the global economy, see Rachel Sherman, *Class Acts: Service and Inequality in Luxury Hotels* (Berkeley: University of California Press, 2007); Toby Shelley, *Exploited: Migrant Labour in the New Global Economy* (London: Zed Books, 2007); Luis L. M. Aguiar and Andrew Herod, eds., *The Dirty Work of Neoliberalism: Cleaners in the Global Economy* (London: Wiley-Blackwell, 2006).

16. Jacob Tomsky, *Heads in Beds: A Reckless Memoir of Hotels, Hustles, and So-Called Hospitality* (New York: Anchor Books, 2012).

17. See, for example, Carolyn Steedman, *Dust: The Archive and Cultural History* (New Brunswick: Rutgers University Press, 2002); Jacques Derrida, *Archive Fever: A Freudian Impression* (Chicago: University of Chicago Press, 1998); and Rodrigo Lazo, "Migrant Archives," in Russ Castronovo and Susan Gillman, eds., *States of Emergency: The Object of American Studies* (Chapel Hill: University of North Carolina Press, 2009), 36–54.

第一章 公共

1. Christopher Alexander, *A Pattern Language: Towns, Buildings, Construction* (New York: Oxford, 1977).
2. Elizabeth Grosz, *Architecture from the Outside: Essays on Virtual and Real Space* (Cambridge, Mass.: MIT Press, 2001). See also O. F. Bollnow, *Human Space*, trans. Christine Shuttleworth (London: Hyphen Press, 2011).
3. Fredric Jameson, *Postmodernism, or the Cultural Logic of Late Capitalism* (Durham: Duke University Press, 1991), 39.
4. In *Race Matters* (Boston: Beacon Press, 1993), Cornel West invokes Henry James's observation that American civilization is just like a hotel in that it is obsessed with comfort, convenience, and contentment. It is for this reason that, West concludes, it is such a challenge to engage "in a serious discussion about race in a hotel civilization" (x).
5. http://en.wikipedia.org/wiki/Grand_Hotel_(film).
6. Siegfried Kracauer, *The Mass Ornament: Weimar Essays* (Cambridge, Mass.: Harvard University Press, 1995), 53.
7. Ratha Tep, "Coolest Hotel Lobbies," *Travel and Leisure*, February 2011.
8. Cajunmama, "Hilton Hotels & Resorts Introduce New Lobby Design," TravelingMamas .com, http://travelingmamas.com/hilton-hotels-resorts-introduce-new-lobby-design/.
9. "Your New Workplace Is Waiting. . . . in the Lobby," *360*, October 2007.
10. Bryant Simon, *Everything But Coffee: Learning about America from Starbucks* (Berkeley: University of California Press, 2011).
11. Will Self, "Room with a Purview," *New York Times Magazine*, December 4, 2011.

12. http://www.eloisewebsite.com/eloise_at_the_plaza.htm.
13. Ibid.
14. http://abcnews.go.com/GMA/Parenting/tour-eloise-shop/story?id=9218964.
15. http://www.nytimes.com/2010/02/21/arts/design/21maltzan.html?pagewanted=all.
16. http://www.skidrow.org/wwa_or.html.

第二章 私密

1. "Capri Anderson Breaks Her Silence," http://abcnews.go.com/GMA/Entertainment/video/capri-anderson-breaks-silence-charlie-sheen-incident-12210384, accessed August 26, 2011; "Capri Anderson, Charlie Sheen's Escort during Drunk Plaza Hotel Rampage, Hid Porn Job from Folks," http://www.nydailynews.com/gossip/2010/10/28/2010-10-28_capri_anderson_charlie_sheens_escort_during_drunk_plaza_hotel_rampage_hid_porn_s.html, accessed August 26, 2011; "Charlie Sheen spent $12K on wine with Capri Anderson at Daniel Restaurant Prior to Hotel Breakdown," http://articles.nydailynews.com/2010-10-30/gossip/27079613_1_french-wine-cocaine-overdose-charlie-sheen, accessed, August 26, 2011.
2. Alain de Botton, *How to Think More about Sex* (London: Picador, 2012), 97ff.
3. A. K. Sandoval-Strausz, *Hotel: An American History* (New Haven: Yale University Press, 2007), 203–4.
4. The letter was posted on July 12, 2012, at http://www.thepublicdiscourse.com/2012/07/5815/, accessed June 20, 2013.
5. David Collins, *New Hotel: Architecture and Design* (London: Conran Octopus, 2001), 92.
6. "Woman Recounts Quarrel Leading to Agent Scandal," *New York Times*, April 18, 2012.
7. http://www.libraryhotel.com/offers.html, accessed February 1, 2013.
8. Rachel Kramer Bussel, *Do Not Disturb: Hotel Sex Stories* (San Francisco: Cleis Press, 2009), 5, 1.
9. http://www.hotelsexguide.com/, accessed February 1, 2013.
10. *Men's Health*, May 27, 2009.

11. http://www.sandiegoreader.com/news/2002/jun/06/hotel-porn; Egan, "EROTICA INC.—A Special Report; Technology Sent Wall Street into Market for Pornography," *New York Times*, October 23, 2000.
12. John Eligon, "What Happened in Room 2806: Three Possibilities," *New York Times*, July 8, 2011.
13. Curt Donovan, *Hotel Widow* (Boston: Beacon Books, 1965).
14. Karen Karbo, "Heartbreak Hotels," *New York Times*, June 13, 1999, http://www.nytimes.com/books/99/06/13/reviews/990613.13karbot.html.
15. Lisa Zeidner, *Layover* (New York: Random House, 1999), 240.
16. July 26, 2011, cover story in *US Weekly*, titled "Denise Richards Finally Opens Up about Charlie Sheen's Hotel Meltdown"; Denise Richards, *The Real Girl Next Door* (New York: Gallery, 2011).
17. Richards, *Real Girl Next Door*, 254–56.
18. "Meet Denise Richards' Baby Girl Eloise Joni!," *US Weekly*, July 20, 2011.

第三章　开始

1. http://www.nytimes.com/2012/03/15/opinion/hospitals-must-first-hurt-to-heal.html.
2. http://www.time.com/time/magazine/article/0,9171,729723,00.html.
3. http://www.nytimes.com/2007/02/13/nyregion/13ink.html.
4. John Martin Smith, *French Lick and West Baden Springs* (Mount Pleasant, S.C.: Arcadia Publishing, 2007); the postcard is reprinted on p. 19. Also see Greg Gatsos, *History of the West Baden Springs Hotel* (Springs Valley Herald, 1985).
5. http://www.crescentcourt.com/services_such/spa/.
6. http://www.nytimes.com/2011/08/30/business/companies-tiptoe-back-to-luxury-hotels.html.
7. Michel Foucault, *The Birth of the Clinic: An Archaeology of Medical Perception* (New York: Vintage Books, 1994), ix.
8. http://www.aetna.com/voluntary/hospital.html.
9. http://www.canyonranch.com/tucson/.

第四章 结局

1. http://hospitalityandtravelnews.weebly.com/celebrity-hotel-deaths.html.
2. http://www.dailymail.co.uk/news/article-1334120/Police-mistake-movie-set-murderscene-grisly-murder-35-years.html.
3. http://www.telegraph.co.uk/health/healthnews/10011431/Hospital-hotels-for-30000-elderly-patients.html.
4. Nick Seddon, "Could State-Funded Patient Hotels be the Future?," *The Guardian*, March 26, 2013, http://www.theguardian.com/healthcare-network/2013/mar/26/statefunded-patient-hotels-future.
5. Siegfried Kracauer, "The Hotel Lobby," reprinted in *The Mass Ornament: Weimar Essays*, ed. Thomas Y. Levin (Cambridge, Mass.: Harvard University Press, 1995), 179.
6. http://query.nytimes.com/gst/abstract.html?res=F10A15F73F5F12738DDDA80894D1405B808DF1D3.
7. Paul Erling Groth, *Living Downtown: The History of Residential Hotels in the United States* (Berkeley: University of California Press, 1994), 222.
8. Simon Brett, *The Hanging in the Hotel* (New York: Berkley, 2004), 35.
9. http://www.cbsnews.com/2100-204_162-599070.html.
10. http://bjs.ojp.usdoj.gov/content/pub/pdf/shsplj.pdf.
11. http://eresearch.qmu.ac.uk/2199/.
12. Richard Harding Davis, "The Last Days of the Fair," *Harper's Weekly*, October 21, 1893, 1003.
13. For more information on Dr. Holmes's confession and hotel murders, see Judy Snavely, *Devil's Disciple: The Deadly Dr. H. H. Holmes* (Bloomington, Ind.: Authorhouse, 2006).
14. Erik Larson, *The Devil in the White City: Murder, Magic, and Madness at the Fair that Changed America* (New York: Vintage, 2004).
15. http://www.mirror.co.uk/news/uk-news/down-hall-country-house-hotel-1859016.
16. http://www.dailymail.co.uk/news/article-1334120/Police-mistake-movie-set-

murder-scene-grisly-murder-35-years.html.

17. http://usnews.nbcnews.com/_news/2013/02/21/17043914-la-hotel-where-body-wasfound-in-water-tank-has-chilling-history?lite.

第五章 富有

1. Pico Iyer, *The Global Soul: Jet Lag, Shopping Malls, and the Search for Home* (New York: Vintage, 2011).
2. Christine Skwiot, *The Purposes of Paradise: U.S. Tourism and Empire in Cuba and Hawai'i* (Philadelphia: University of Pennsylvania Press, 2010).
3. Edmundo O'Gorman, *The Invention of America: An Inquiry into the Historical Nature of the New World and the Meaning of Its History* (Westport, Conn.: Greenwood Press, 1972).
4. Jamaica Kincaid, *A Small Place* (New York: Farrar, Straus and Giroux, 2000).
5. Steven Gregory, *The Devil behind the Mirror: Globalization and Politics in the Dominican Republic* (Berkeley: University of California, 2006).
6. Dany Laferriere, *Heading South*, trans. Wayne Grady (Vancouver: Douglas & McIntyre, 2009).
7. Kamala Kempadoo, *Sun, Sex, and Gold: Tourism and Sex Work in the Caribbean* (London: Rowman & Littlefield, 1999).
8. E. A. DeMoya and R. Garcia, "Three Decades of Male Sex Work in Santo Domingo," in *Men Who Sell Sex: International Perspectives on Male Prostitution and HIV/AIDS*, ed. P. Aggleton (Philadelphia: Temple University Press, 1999), 127–40.

第六章 贫穷

1. Paul Groth, *Living Downtown: A History of Residential Hotels in the United States* (Berkeley: University of California Press, 1994).
2. Alan Burning, "Bring Back Flophouses, Rooming Houses, and Microapartments," *Slate*, July 17, 2013, http://www.slate.com/articles/business/moneybox/2013/07/sros_flophouses_microapartments_smart_cities_are_finally_allowing_the_right.html.

3. http://www.huduser.org/portal/publications/homeless/mckin/sro.html.
4. Bread of Life, Inc. website, http://s119575209.onlinehome.us/legacy_Structure.html, accessed September 12, 2014.
5. http://musicworldent.com/philanthropy.
6. Ted Steinberg, *Acts of God: The Unnatural History of Natural Disaster in America* (Oxford: Oxford University Press, 2006).
7. Richard Morgan, "Bleak House," *New York Times*, February 19, 2006.
8. http://www.indypressny.org/nycma/voices/192/news/news_3/; http://www.tripadvisor.com/Hotel_Review-g60763-d673661-Reviews-Sun_Bright_Hotel-New_York_City_New_York.html; http://www.hotels.com/ho375716/sun-bright-hotel-new-york-united-states/#reviews.

第七章　幸运

1. Jim Kilby, Jim Fox, and Anthony Lucas, *Casino Operations Management* (New York: John Wiley & Sons, 2005), 49–59.
2. Robert Venturi, Denise Scott Brown, and Steven Izenour, *Learning from Las Vegas: The Forgotten Symbolism of Architectural Form* (Cambridge, Mass.: MIT Press, 1977), xi.
3. For more information on the history of gambling and the hotel casino, see, for example, Joseph Mazur, *What's Luck Got to Do with It? The History, Mathematics, and Psychology of the Gambler's Illusion* (Princeton: Princeton University Press, 2013); Herbert Ashbury, *Sucker's Progress: An Informal History of Gambling in America* (New York: Thunder's Mouth Press, 2003); and William Thompson, *Gambling in America: An Encyclopedia of History, Issues, and Society* (New York: ABC-CLIO, 2001).
4. E. Malcolm Greenless, *Casino Accounting and Financial Management* (Reno: University of Nevada Press, 1988).
5. Hans-Werner Sinn, *Casino Capitalism: How the Financial Crisis Came About and What Needs to Be Done Now* (New York: Oxford University Press, 2010).
6. John Maynard Keynes, *The General Theory of Employment, Interest, and Money* (London: Macmillan and Cambridge University Press, 1936), 142.

7. Earl Grinols, *Gambling in America: Costs and Benefits* (Champaign-Urbana: University of Illinois Press, 2004). For more regarding the social and economic impact of gambling, see, for example, Cathy Hsu, ed., *Legalized Casino Gaming in the United States: The Economic and Social Impact* (New York: Haworth Hospitality Press, 1999), and Robert Goodman, *The Luck Business: The Devastating Consequences and Broken Promises of America's Gambling Explosion* (New York: Free Press, 1995).
8. Jackson Lears, *Something for Nothing: Luck in America* (New York: Viking, 2003).
9. Bryant Simon, *Boardwalk of Dreams: Atlantic City and the Fate of Urban America* (New York: Oxford University Press, 2006), 221–22.
10. http://www.examiner.com/article/borgata-robbery-500-000-jewelry-stolen-fromborgata-casino-store.
11. http://www.forbes.com/sites/anthonydemarco/2013/07/02/smash-and-grab-borgatatheft-is-a-common-form-of-jewelry-store-burglaries/.
12. http://www.are.com/life-science-expertise.html.
13. http://investor.are.com/CorporateProfile.aspx?iid=111908.

第八章　失落

1. http://www.hotelcarter.com, accessed June 13, 2014.
2. "Carter Wears Smudged Crown as USA's 'Dirtiest Hotel,' " January 29, 2009, http://usatoday30.usatoday.com/travel/hotels/2009-01-29-carter-dirtiest-hotel_n.htm.
3. http://blogs.laweekly.com/informer/2011/10/hotel_hell_the_ford_hotel_is_g.php.
4. http://www.puretravel.com/blog/2009/04/15/7-worst-hotels-in-the-world/.
5. *1408*, dir. Mikael Hafström (2007).
6. http://www.wisconsinsickness.com/death-trip/maribel-caves-hotel-hell/.
7. http://www.unexplainedresearch.com/files_spectrology/maribel_hotel_hell.html.
8. http://www.puretravel.com/blog/2009/04/15/7-worst-hotels-in-the-world/.

9. http://www.youtube.com/watch?v=F3xO9IjckmU.
10. Ray Oldenburg, *The Great Good Place: Cafes, Coffee Shops, Community Centers, Beauty Parlors, General Stores, Bars, Hangouts, and How They Get You Through the Day* (New York: Paragon House, 1989).

结语

1. David Brooks, "The Edamame Economy," *New York Times*, January 6, 2014.
2. http://www.boutiquehotelnews.com/home/blog/2012/12/18/boutique-hotel-futuretrends-2013/.
3. http://eandt.theiet.org/magazine/2011/07/hotels-of-the-future.cfm.
4. http://www.l-a-v-a.net/projects/future-hotel/?locale=en_US.
5. http://www.forbes.com/sites/bethgreenfield/2012/04/20/hotels-of-the-future-7-architectural-stunners-on-the-horizon/.
6. http://www.sinehead.com/Gaudi1.html.
7. "Gaudí Design Proposed for World Trade Centre," *BBC News*, January 23, 2003.
8. http://www.sinehead.com/Gaudi2.html.
9. http://www.youtube.com/watch?v=wD0f_56hSTc.